Mapeando a Língua Portuguesa através das Artes

Mapeando a Língua Portuguesa através das Artes

Patricia Isabel Sobral
Clémence Jouët-Pastré

Focus *an imprint of*
Hackett Publishing Company, Inc.
Indianapolis/Cambridge

Mapeando a Língua Portuguesa através das Artes

A Focus book

Focus an imprint of
Hackett Publishing Company

Printed in the United States of America

18 17 16 15   1 2 3 4 5 6 7

For further information, please address
Hackett Publishing Company, Inc.
P.O. Box 44937
Indianapolis, Indiana 46244-0937

www.hackettpublishing.com

Cover Image: *Mural at Houston Street and Bowery*, New York City. Painted July 17, 2009 by Os Gemeos. Photograph by Shawn C. Hoke, used with permission.

Library of Congress Cataloging-in-Publication Data

Sobral, Patricia I., author.

Mapeando a língua Portuguesa : através das artes, corrected edition / Patricia Isabel Sobral, Clémence Jouët-Pastré. -- Corrected edition.

pages cm

Text in Portuguese and English.

ISBN 978-1-58510-762-9 (paperback)

1. Portuguese language—Textbooks for foreign speakers—English. 2. Portuguese language—Grammar. 3. Portugal—Languages. I. Jouët-Pastré, Clémence, author. II. Title.

PC5075.E5S63 2015

469.82'421—dc23   2015025531

Sumário

Preface

Mapeando a Língua Portuguesa através das Artes dialogically interweaves the arts and language acquisition. The arts touch upon every aspect of human life. The integration of the arts into language acquisition provides students with a rich experience in a target language and culture. Students can be exposed to the vast panorama of meaningful artistic production in any given culture via the literary, performing, digital, and visual arts. Teaching via the arts is a pedagogically innovative way to enhance language development and teach students about the diversity and vibrancy of artistic expression in the numerous Portuguese-speaking countries. Not only do students gain a heightened awareness of the culture or cultures in question; they are also able to respond to the artistic production in meaningful ways via classroom assignments, activities, exercises and projects, thus providing more reality-based topics of discussion.

In addition to engaging with the arts students are invited to become artistic creators in the target language as a means of deep exploration. The classroom therefore becomes a community of artistic creators engaged in relating to the target language and cultures via the study and production of art.

This textbook offers structured and meaningful linguistic content embedded in a dense yet accessible cultural context for use in the intermediate/advanced Portuguese classroom. *Mapeando* is a highly flexible textbook, which has four interconnected goals:

- strengthening communicative competence without hindering the development of linguistic accuracy
- immersing students in the richness of Portuguese-speaking cultures through the arts

- raising awareness of cultural and linguistic variation
- and presenting students with different perspectives on the arts and with the impact of the arts on daily life

Outstanding features

A unique feature of *Mapeando a Língua Portuguesa através das Artes* is its rich and dense linguistic, cultural and socio-economic content. This book makes sophisticated materials accessible to students of diverse backgrounds and levels of linguistic competence. Students will be able to engage in debates about controversial topics such as the differences between popular and high art and commercial versus avant-garde art. In every passage of the textbook different perspectives on the same subject are presented and explored. The main goal is to engage students in relevant and interesting debates by presenting diverse texts followed by activities that create a space for students to explore the Portuguese-speaking culture vis-à-vis their own experiences and knowledge. Naturally, not everyone will have the same opinion, and the textbook will present a plethora of opportunities for students to use the target language in the areas of listening, speaking, reading and writing. Clearly, one of the most effective ways of acquiring a more sophisticated command of the language is to develop an argumentative discourse. Therefore, learning how to debate in the target language will have a positive impact on students' communicative competence.

Another distinctive feature of *Mapeando a Língua Portuguesa através das Artes* are its emphasis on highlighting how people from different segments of society express themselves linguistically and culturally. Students will learn about the diversity of the Portuguese-speaking world via the arts, including how crossing borders influences and shapes the work of artists. The textbook includes a varied selection of art and artists in order to capture student interest and give a panoramic view of the cultures in question. Interviews, authentic texts, and reproductions of art will serve as a springboard for students to express themselves through communicative exercises, debate, task-solving, performance and creative production. The goal is to raise awareness of the complexity of Portuguese-speaking societies through an interactive methodological approach, and therefore better prepare students to deal with the ethnic and cultural mosaic of contemporary Portuguese-speaking countries.

 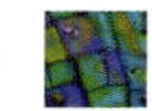

Organization of *Mapeando*

Each of the twelve units is structured in the same manner:

There is an inspiring image to open each unit. It is an aesthetically attractive image, or one that triggers curiosity, or both. The compelling titles are an invitation to discussions about art. The main purpose of both the image and title is to invite students to think about the theme of the unit and to provide them with a panoramic view.

Primeiros acordes. This opening section introduces the thematic topic of the unit and highlights the vocabulary through quotes and images. Students are invited to reflect upon what they know as well as what they would like to know about a specific artistic manifestation. Students, therefore, draw on personal experience and background information, which allows them to interact in more meaningful ways with the target language and cultures.

Sections of **Primeiros acordes**:

- **Associando palavras e pensamentos**
  A compilation of student associations with the theme in question.
- **Papel das artes**
  Quotes from artists and intellectuals in the field and related fields. Students define their relationship to the quotes from the artists and intellectuals.
- **Trocando ideias**
  In pairs or small groups, students discuss the points of view that surfaced in **Papel das artes**.
- **Momento biográfico**
  Students draw on personal experience to discuss the theme of the unit.

Intervalo para a gramática. Each unit has three grammatical points. The explanations are concise and focused on usage. They are followed by immediate practice of each structural item within a contextualized framework. There are more explanations, examples, and exercises in the **Caderno de Produção,** which is an integral and interactive part of the textbook (more below).

Ler é viver através de outros olhares. Each chapter presents three texts. Many of the texts are from artists or academics whose area of expertise is one of the art forms in the textbook. The texts are varied in nature and include critical essays, fiction, creative non-fiction and explorations of the themes in question. This section includes **Aquecimento** exercises in vocabulary and/or cultural contextualization (pre-reading), and while-reading and post-reading questions in **Refletindo sobre a leitura** to deepen knowledge and provoke meaningful discussions. Once again, in the **Caderno de Produção**, some of these texts are further analyzed from different points of view.

No estúdio. In this section, students will listen to interviews and poetry readings by artists and others, and respond to questions in both written and oral form. As in **Ler é viver através de outros olhares**, this section also has **Aquecimento** (pre-listening) exercises, and may have questions to be answered during or after listening to the recording. The streaming audio files will be available free from http://www.hackettpublishing.com/Resource_Pages/Mapeando/Audio_Video.html.

A vida em arte. This section raises interest in the subject matter via an image and provocative questions to call attention to the video component of the course, which can be streamed for free from http://www.hackettpublishing.com/Resource_Pages/Mapeando/Audio_Video.html and explored in depth in the **Caderno de Produção**. The video component includes interviews with artists and people related to the art world.

Dando voltas às palavras. This section provides an opportunity for students to revisit thematic vocabulary, allowing students to internalize and cement vocabulary in a variety of contexts.

Cenários. In this section students brainstorm and create scenes, research a particular artist or topic and present images of the art produced, and work on their writing. The prompts within **Cenários** are quite diverse and there are roughly two per unit. Open-ended role-playing related to the theme of the unit will stimulate students to express their own viewpoints.

Debates. The main goal of this section is to develop one of the most important functions in any language: argumentation. This section gives learners a chance to express their own thoughts clearly and in a respectful manner. It also encourages students to listen to other viewpoints and facilitates possible changes in perspective. Through practice, students will acquire rhetorical devices to help them build convincing arguments and counterarguments.

Portfólio. Throughout the semester, students will create a portfolio that can take various forms – for example, a traditional portfolio or an online archive. At the end of each unit, students are given instructions on what to include in the portfolio, and the work they produce will become part

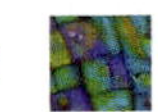

of their portfolio. At the end of the semester, students will have at least twelve (12) "production pieces" that will be the culmination of their work in each unit.

Ancillary components

Audio and Video Files on http://www.hackettpublishing.com/Resource_Pages/Mapeando/Audio_Video.html are available for free streaming. These audio files include interviews and readings of poems, and are necessary for completing each **No estúdio** section in the textbook. The video files include a series of interviews and are necessary for completing "video" sections in the **Caderno de Produção**.

The **Caderno de Produção** is the print workbook also available from Focus (ISBN: 978-1-58510-759-9). It offers interactive activities which allow students to further explore their language skills and the cultures of the Portuguese-speaking world. It contains an expansion of grammar explanations and a variety of exercises and activities to further enhance learning of grammatical structures. Students will have ample opportunity to recycle vocabulary and expand their lexical repertoire. There are also exercises and activities relating to the geographies of the Portuguese-speaking world. The **Caderno de Produção** parallels and complements the thematic units of the textbook. [Callouts marked with a workbook icon are provided in places in the textbook where additional practice in the **Caderno de Produção** may be helpful.]

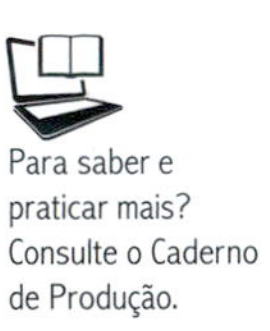

Para saber e praticar mais? Consulte o Caderno de Produção.

The **Caderno** includes:

- **Arte no cotidiano.** This section contains a dialogue or dialogues that contain the grammatical structures of the unit and thematic vocabulary as used in daily life.
- **Chamadas para escrita.** There are thematic writing prompts at the end of each unit of the Caderno de Produção that allow for diverse written expression. Writing prompts originate from a text, video or audio files, or images contained in the textbook or the **Caderno de Produção**.
- **Video files**, featuring a series of interviews and images, accompany each unit. These are also available through the http://www.hackettpublishing.com/Resource_Pages/Mapeando/Audio_Video.html. In these videos, artists of the Portuguese-speaking world reflect upon different artistic expressions and art in general and its impact on their lives and society.

The main goals of the video files are to get students acquainted with the many voices and faces of the Portuguese-speaking artistic milieu, and to challenge and develop their linguistic competency in the target language. A variety of world views will, we hope, further students' knowledge of the intricacies of both spoken Portuguese and the powerful culturally informed discourses embedded in it.

Intructor's materials for *Mapeando* are also available to support teachers using the text. The following materials are available for qualified adopters and can be requested through by contacting the publisher:

- **Mapeando Answer Key**, a free PDF that includes answers for exercises in the textbook.
- **Caderno Answer Key**, a free PDF that includes answers for exercises in the workbook.
- **Audio transcript**, a free PDF that includes a transcript of the audio files that accompany the book.

Unidade 1

Mapeando o mundo das artes

Imagem: Pamela Petro.

Primeiros acordes

1-1. **Associando palavras e pensamentos.** Escreva todas as palavras que lhe vêm à mente ao ouvir a palavra "arte". Compare suas notas com as de um/a colega e depois compartilhem os resultados com a turma.

____

____

____

O que é arte? Qual é a sua função?

"Eu me alimento de momentos da arte."

~ Joãosinho Trinta,
carnavalesco brasileiro

"O universo funcionaria perfeitamente sem o cinema e sem a literatura ou as artes em geral. Adoro aquele célebre verso de W. H. Auden: 'A poesia não faz nada acontecer'. Os poemas, os filmes, as pinturas são inúteis. Eis o que os enche de beleza em um mundo absolutamente utilitarista."

~ João Moreira Salles,
cineasta brasileiro

"Para pintar é preciso ter uma história."

~ Paula Figueiroa Rego,
pintora portuguesa

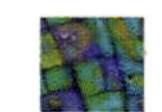

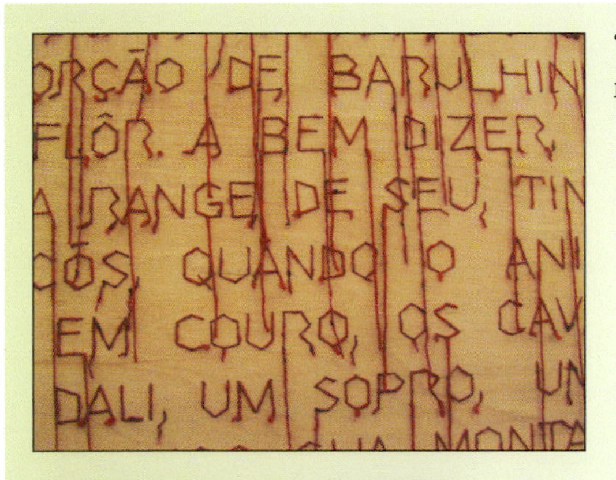

“A arte alcança sempre a finalidade que não tem.”

~ Otto Maria Carpeaux,
crítico literário brasileiro

“Toda a arte se baseia na sensibilidade, e essencialmente na sensibilidade.”

~ Fernando Pessoa,
poeta português

“Invejo os artistas plásticos porque eles conseguem que sua arte seja muito maior que a sua figura, e isso é uma coisa muito difícil na minha área cultural. O que eu faço está muito atrelado à minha imagem, e na verdade minha arte é muito mais importante do que a minha pessoa. Nas artes plásticas ou na literatura isso é muito mais claro: o autor desaparece com mais facilidade, a obra é maior que a pessoa.”

~ Marisa Monte,
cantora brasileira

1-2. **O papel da arte.** Assinale, ao lado dos nomes dos autores das frases citadas anteriormente, o quanto você concorda ou não com elas. Numere a lista abaixo: (1) "Identifico-me totalmente" e (6) "Identifico-me muito pouco".

( ) Joãosinho Trinta

( ) João Moreira Salles

( ) Paula Figueiroa Rego

( ) Otto Maria Carpeaux

( ) Fernando Pessoa

( ) Marisa Monte

1-3. **Contra ou a favor?** Há alguma afirmação acima que vá contra suas ideias sobre arte? Por quê?

1-4. **Trocando ideias.** Em duplas, discutam as escolhas que vocês fizeram no exercício anterior. Em seguida, façam um resumo da discussão que tiveram para toda a turma. Fale principalmente sobre o ponto de vista defendido por seu/sua colega e vice-versa.

1-5. **Momento biográfico.**

a. Você tem alguma rotina diária ou semanal relacionada à arte? Por exemplo, você escreve, dança ou desenha todos os dias ou algumas vezes por semana?

b. Há pessoas na sua família que gostariam de ter sido artistas? Caso haja, como elas expressam sua arte na vida cotidiana?

Intervalo para a gramática (I) – Presente do indicativo

Frequentemente, o presente do indicativo é usado quando nos referimos a fatos que ocorrem no momento em que falamos ou escrevemos.

Verbos regulares	Verbos irregulares
Há três conjugações regulares em português: **-ar**; **-er**; **-ir**.	Os verbos irregulares mais frequentemente utilizados em português são: dar, dizer, estar, fazer, ir, poder, pôr, querer, saber, ser, ter, trazer, ver, vir.

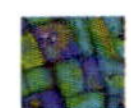

Verbos com alternância vocálica	Verbos com alternância consonantal
Há alguns verbos bastante empregados que apresentam alternância entre "e/i" e outros entre "o/u". Exemplos: **E → I** sentir, competir, preferir, sugerir, divertir(-se), consentir, mentir, repetir, seguir, servir, vestir. **O → U** dormir, cobrir, descobrir, tossir	Alguns verbos em **-er** e **-ir** têm alternância consonantal na primeira pessoa do singular. Exemplos: ouvir, pedir, perder, poder, conhecer, merecer, reagir

Prática

1-6. A arte na vida dos colegas. Entreviste um/a colega e descubra tudo sobre a relação dele/a com a arte. Em seguida, compartilhe suas descobertas com o resto da turma. Lembre-se de que em português tendemos a responder com o verbo no lugar de usar simplesmente "sim" ou "não". Exemplo: Você gosta de música? Gosto, sim. Não, não gosto.

a. Você se veste de modo diferente quando vai a um show de rock/concerto de música erudita/show de música popular?
b. Você sabe tocar algum instrumento?
c. Você conhece alguém que trabalha no mundo das artes?
d. Você ouve música todos os dias?
e. Você prefere cinema ou teatro?
f. Você segue algum tipo de seriado ou novela na TV?
g. Você passa muito tempo na Internet lendo sobre a vida de artistas famosos?

1-7. Andando em círculos. Circule pela sala de aula e procure informações para preencher o quadro abaixo. Descubra se alguém:

acha inútil ler crítica de arte?	acha muito útil ler crítica de arte?
nome da/o colega: ______________________	nome da/o colega: ______________________
ninguém? marque "x": ________________	ninguém? marque "x": ________________

nunca lê crítica de arte? nome da/o colega: ____________________ ninguém? marque "x": _______________	descobre novos artistas/grupos de dança através da leitura da crítica? nome da/o colega: ____________________ ninguém? marque "x": _______________
segue as sugestões da crítica? nome da/o colega: ____________________ ninguém? marque "x": _______________	nunca ouve o que a crítica diz? nome da/o colega: ____________________ ninguém? marque "x": _______________

1-8. Pausa para reflexão. O que você acha da crítica? Você acha que a crítica pode ser nociva a uma obra de arte a ponto de tirá-la de circulação? Você conhece/ já ouviu falar de algum/a artista que se sente injustiçado/a pela crítica?

1-9. Perguntas abelhudas. Entreviste alguns colegas para descobrir se há alguém que às vezes:

Para saber e praticar mais? Consulte o Caderno de Produção

a. tosse em concertos. ______________________________
b. dorme no cinema. ______________________________
c. descobre bons espetáculos quando os ingressos estão esgotados. ______________________________
d. perde os ingressos. ______________________________
e. segue dois seriados na TV simultaneamente. _______________

Ler é viver através de outros olhares (I)

Aquecimento

1-10. Definições. Escolha a melhor definição para os termos abaixo listados.

a. sítio arqueológico:
( ) local distante, na zona rural, onde arqueólogos fazem escavações à procura de vestígios de civilizações pré-históricas. Esses vestígios são exclusivamente não escritos e incluem ossos e restos de fogueiras.
( ) pequena propriedade na área rural onde se respira um ar do passado.

( ) local onde há vestígios de grupos de seres humanos que viveram no passado. Esses vestígios têm de ser escritos ou não escritos e incluem ossos, restos de fogueiras, pinturas, ruínas, textos antigos e objetos de cerâmica.

b. marca indelével:

( ) uma marca leve que pode ser feita com tinta ou com lápis de cor.

( ) uma marca que não pode ser apagada nem destruída pelo tempo.

( ) uma marca específica feita sobretudo por tatuadores que viveram no século XVIII.

c. local arrebatador:

( ) local muito bonito, deslumbrante.

( ) local onde há muitos produtos baratos à venda.

( ) local sombrio, cenário de filme de terror.

1-11. Ligações. Faça a correspondência entre a coluna da direita e a da esquerda.

a. abrigo	( ) divulgar, disseminar, difundir
b. aridez	( ) cheia de curvas
c. chifre	( ) secura, falta de chuva, condição de ser desprovida de graciosidade e de beleza
d. elo	( ) sulco formado por um linha fina na superfície de um corpo
e. espalhar	( ) preferida
f. estria	( ) excrescência em osso na cabeça de alguns mamíferos
g. estrondo	( ) lugar seguro, protegido
h. sinuosa	( ) cada um dos anéis de uma cadeia, ligação, laço
i. predileta	( ) som forte, alto

1-12. Guias especializados. Em pequenos grupos, escolham três lugares no mundo que têm importância antropológica e/ou histórica. Um desses locais precisa ser um país ou uma região de fala portuguesa. Façam uma lista enumerando as razões pelas quais esses locais são considerados importantes.

O Parque da Capivara e suas pinturas rupestres

Li pela primeira vez a respeito da Serra da Capivara em um livro da Unesco e então propus uma viagem ao lugar. Uma agência de turismo local, Trilhas da Capivara, facilitou tudo ao nos providenciar transporte, motorista e um guia. O parque tem essencialmente 130.000 hectares de arte e animais selvagens.

O que torna o parque arrebatador, deixando marcas indeléveis de encantamento na memória, são as formações sedimentares onduladas e estriadas, ora em baixo-relevo e ora em alto-relevo, num jorro cor-de-rosa e laranja, vermelho, amarelo-leão, cinza calcário e arenito; tudo isso coroando o mar da caatinga. Atraídos a esse parque de diversões lítico por um famoso esconderijo de rochas pintadas, os arqueólogos da Fundação Museu do Homem Americano rapidamente reuniram um tesouro de artefatos. Descobriram e estudaram pinturas que, protegidas tanto por abrigos de rochas quanto pela crescente aridez da região, ainda estão vibrantes depois de 12.000 anos.

A maior parte das imagens pertence ao que se conhece como a Tradição do Nordeste, uma escola de pintura com 6.000 anos de idade caracterizada por linhas fluidas e claras e pelo conteúdo da narrativa (há aproximadamente 40.000 imagens individuais no Parque, espalhadas por aproximadamente 450 sítios arqueológicos). Minha pintura predileta do Nordeste mostra 17 figuras de homens e mulheres com chifres, totalmente mascarados, dançando sinuosamente.

Eu me lembro de um incidente no dia anterior quando saíamos da Toca do Inferno. Nosso guia tinha mencionado que ele achava que nós éramos as únicas pessoas no Parque (que recebe mais ou menos 10 mil visitantes por ano). Logo depois desse comentário, fomos surpreendidos por um estrondo bem ao nosso lado. Nós quatro olhamos para cima, confusos, mas o guia se ajoelhou, percebendo imediatamente o que tinha acontecido. Uma águia tinha acabado de pegar uma pomba, e, surpreendida pela nossa presença, tinha largado sua presa, que agora se encontrava machucada aos nossos pés.

Enquanto o guia se ajoelhava ao lado do pássaro que morria, eu pensei em nossa primeira noite no Parque. O guia tinha nos levado até a beira de um desfiladeiro de arenito, da cor e da textura da pele petrificada de um elefante, e tinha apontado na direção do céu. Andorinhas – grandes *swifts* brasileiros – estavam circulando em cima de nossas cabeças. "Preparem-se", sussurrou o guia, e imediatamente uns 20 pássaros passaram por nós rápidos como balas, movendo-se como jatos 3.000 pés desfiladeiro adentro, onde pousariam para passar a noite. Suas garras se projetam para poderem se agarrar à pedra lisa enquanto dormem.

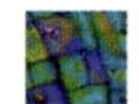

"Pomba ou andorinha?" perguntei a mim mesma. O Parque oferece ambas. A bela paisagem deslocada, os animais exóticos – minúsculos mocós, habitantes dos penhascos, cujos ancestrais deixaram o agora petrificado esterco; cotias, pequenos parentes da capivara com pelo amarelo fluorescente, alumbram, mas esclarecem muito pouco para uma visitante norte-americana do século XXI. Curiosamente, encontrei minha dose de familiaridade nas próprias pinturas. Como foi a intenção dos artistas, depois de todos esses anos meus olhos ainda traduzem esboços firmes e simples que significam "veado", "cobra" e "eu". Trata-se de uma corrente cujos elos remetem à identidade no tempo mais do que no espaço. Com gratidão, tomei-a nas mãos.

Pamela Petro em *Brazil in Two Voices*
(traduzido e adaptado por Clémence Jouët-Pastré & Patricia Sobral)

Refletindo sobre a leitura

1-13. Roteiros alternativos. Agora, encontrem um local (pode ser um dos locais que vocês acharam no exercício de aquecimento) e criem um roteiro de viagem. Descubram o que precisam levar. Como é o lugar? O que vão poder fazer lá? Qual é a importância do local sob o ponto de vista da arte, da arquitetura, da antropologia etc.?

1-14. Como você interpretaria a afirmação da narradora de que o parque oferece tanto "pombas" como "andorinhas"?

1-15. Por que a narradora parece estar surpresa em encontrar familiaridade nas pinturas do parque?

Para retomar o texto, entre no Caderno de Produção.

1-16. Há algum indício no texto que leve a crer que a narradora não é brasileira?

No estúdio – Língua portuguesa

Aquecimento

A língua portuguesa é o instrumento e a matéria-prima de vários artistas espalhados pelo mundo. Vamos ouvir um poema em que se faz homenagem a essa língua. Mas, antes, observe o mapa e faça os exercícios a seguir:

1-17. Lisboa é a capital de Portugal, país situado na parte mais ocidental da Europa. Compare a proximidade ou distância de Lisboa em relação a outras cidades europeias.

a. Paris é mais perto de Roma do que de Lisboa.
b. Paris é mais longe de Lisboa do que de Roma.
c. Londres é _________________ Dublin _________________ Roma.
d. Londres é _________________ Roma _________________ São Petersburgo.
e. Madri é _________________ Roma _________________ Berlim.
f. Madri é _________________ Lisboa _________________ Roma.

1-18. Roma surgiu em uma região chamada Lácio, e de cidade passou a poderoso império. Uma das últimas regiões conquistadas pelo Império Romano é a que hoje conhecemos como Portugal. Na época, os romanos chamaram a região de Lusitânia. No poema que vamos ouvir, há um verso que começa com "Última flor do Lácio...". O que /quem seria a "última flor do Lácio"?

Melodias da língua. Agora, ouça a gravação!

1-19. A tarefa de vocês será transcrever o poema, de preferência num grande pedaço de papel manilha e com canetas hidrocor.

1-20. Por que a língua portuguesa, ou qualquer outra língua, poderia ser uma sepultura?

1-21. Escreva um pequeno parágrafo (ou um poema) sobre sua língua materna.

Intervalo para a gramática (II)

Palavras interrogativas

Para obtermos informações precisas, utilizamos as seguintes palavras interrogativas:

Quem – De quem – Para quem – Com quem – Que + substantivo – Quando – Onde – Qual (plural "Quais") – De onde – Aonde, para onde – Por que – Para que – Como – Quanto

Prática

1-22. A arte de entrevistar. Junto com um/a colega, crie seis perguntas para descobrir os seguintes fatos:

a. Pessoa que não faz questão de ter companhia para ir a eventos artísticos.
b. Dias e/ou horários que a pessoa dedica a alguma atividade relacionada à arte.
c. Pessoa que odeia ópera. Razão.
d. Pessoa que tem familiares artistas ou que trabalham com arte. Incluam perguntas para saber o grau de parentesco e as especificidades da vida artística do parente.
e. Pessoa que vai muito a museus. Razão. Descubram a média de tempo que a pessoa costuma passar no museu.
f. Pessoa que raramente vai a museus. Razão.

1-23. Andando em círculos. Circulem pela sala de aula e façam as perguntas elaboradas acima. Em seguida, preencham o quadro abaixo:

dedica-se a uma atividade artística nome da/o colega: ____________ ninguém? marquem "x": ______ dias: ____________ horários: ____________ observações: ____________	odeia ópera nome da/o colega: ____________ ninguém? marquem "x": ______ razão: ____________ observações: ____________
vai frequentemente a museus nome da/o colega: ____________ ninguém? marquem "x": ______ média de tempo no museu: ____________ razão: ____________ observações: ____________	não faz questão de ter companhia para ir a eventos artísticos nome da/o colega: ____________ ninguém? marquem "x": ______ observações: ____________
raramente vai a museus nome da/o colega: ____________ ninguém? marquem "x": ______ razão: ____________ observações: ____________	familiares artistas ou que trabalham com arte nome da/o colega: ____________ ninguém? marquem "x": ______ grau de parentesco: ____________ especificidades: ____________ observações: ____________

1-24. A fama sempre revela? Em grupos, escolham um/a artista famoso/a e façam uma descrição física e psicológica dele/dela. Em seguida, um dos grupos é escolhido e os demais devem fazer perguntas para descobrir o/a artista descrito/a pelo grupo. Regra importante: as perguntas devem ser específicas para que as respostas sejam afirmativas (sim) ou negativas (não).

Para saber e praticar mais? Consulte o Caderno de Produção.

Ler é viver através de outros olhares (II)

Aquecimento

1-25. Definições. Complete as frases com a palavra mais adequada.

a. Devemos evitar fazer coisas por impulso. É sempre melhor _______________ o terreno.
( ) esburacar ( ) tatear ( ) destruir

b. Maria é uma pessoa muito cansativa. Ela _______________ a energia de todos ao redor.
( ) suga ( ) retorna ( ) embrulha

c. Quem ama o feio, bonito lhe parece. O amor é mesmo _______________.
( ) surdo ( ) mudo ( ) cego

d. As agências de financiamento demoraram tanto para liberar as verbas para o espetáculo que nesse _______________ o autor veio a falecer.
( ) luar ( ) interessar ( ) interregno

e. Situações extremas, como a fome, levam as pessoas a _______________ supermercados.
( ) sair ( ) saquear ( ) prender

f. Ainda nos dias de hoje, muitos _______________ rondam estradas em busca de vítimas distraídas.
( ) monges ( ) cineastas ( ) salteadores

g. A distância nos _______________ do convívio diário.
( ) leva ( ) empurra ( ) priva

h. Crimes hediondos são _______________ diariamente em nome da religião.
( ) perpetrados ( ) alucinados ( ) libertados

 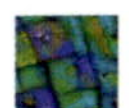

1-26. A arte tecnológica ou a tecnologia da arte. Preencha as duas colunas abaixo. Faça uma lista de palavras que evocam as palavras dos cabeçalhos de cada coluna. Em seguida compare as colunas. As duas colunas têm alguma palavra em comum? As colunas têm palavras opostas? Compare suas listas com as de um/a colega da turma.

Tecnologia	**Arte**
1.	1.
2.	2.
3.	3.
4.	4.
5.	5.
6.	6.
....	....

Quem faz arte é desobediente

Vivemos um processo revolucionário de mudança histórica e cultural, desencadeado e conduzido por um conjunto de transformações tecnológicas que têm a microeletrônica na sua raiz. Mudam os modos de vida, o ambiente natural, os artefatos e rotinas que assinalam o cotidiano, assim como se modificam a imaginação, a sensibilidade, a percepção e o fluxo dos instintos. Sabemos que nada mais será como antes, mas ninguém tem ideia ainda de como as coisas haverão de ser. Somos as criaturas do interregno, filhos de uma intensidade que nos arrasta numa navegação cega.

Em tempos como esses, a arte e os artistas assumem uma importância estratégica. Eles tateiam exploratoriamente o vácuo que nos suga para novas configurações, na tentativa de entender o que nos espera, preparando nosso espírito para que se adapte, mas também para que resista, altere e interaja criativamente com o devir. Os processos tecnológicos e seus tutores tendem a nos privar do controle sobre nosso próprio destino, empenhados em nos seduzir com o abandono de qualquer sentido de responsabilidade e compromisso. Diante desse assalto à luz da história, perpetrado por autoridades e instituições que em princípio deveriam nos defender, confiamos nos artistas para que, como um bando de salteadores dos tesouros que foram, antes de mais nada, saqueados de nós mesmos, Robin Hoods das trilhas globais, nos devolvam nossos sonhos, desejos, esperanças e anseios de justiça.

Nicolau Sevcenko

Refletindo sobre a leitura

1-27. Pensando nas afirmações feitas acima, responda por escrito às seguintes perguntas e depois discuta suas respostas com um/a colega da turma ou com a turma toda.

a. Neste texto, você acha que Nicolau Sevcenko tem uma visão pessimista ou otimista sobre os impactos das novas tecnologias na vida cotidiana?

b. Nicolau Sevcenko fala sobre um conjunto de transformações tecnológicas que estão fazendo com que a vida mude radicalmente. Ele não identifica essas tecnologias, mas podemos imaginar a quais ele se refere. Faça uma pequena lista das tecnologias que têm tido um forte impacto na vida cotidiana.

c. Pense no futuro. Como você imagina o futuro em termos de tecnologia? Qual será a nossa interação com a tecnologia?

d. Nicolau Sevcenko diz que nestes tempos tumultuosos confiamos nos artistas para que nos devolvam os nossos sonhos, desejos, esperanças e anseios de justiça. Você acredita que os artistas desempenham tal papel? Caso concorde, por que os artistas têm esse papel e não pessoas que exercem outras profissões? Caso discorde, por que não?

e. Quem teria roubado nossos sonhos?

f. Quais são os artistas que, em sua opinião, nos têm preparado para o futuro e/ou têm resistido a esse futuro? Dê ao menos três exemplos.

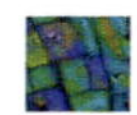

A vida em arte

1-28. Observe a imagem e faça os exercícios abaixo.

a. A imagem acima corresponde ao que você classificaria como arte? Por quê?
b. A imagem conta uma (ou mais de uma) história? Faça um resumo dessa história em apenas três a seis linhas.
c. Desenhe algo no estilo da imagem e narre a história em um pequeno parágrafo.

Intervalo para a gramática (III)

Imperativo

As formas de ambos os imperativos, ou seja, o afirmativo e o negativo, coincidem quase que totalmente com as do presente do subjuntivo.

Imperativo afirmativo

Presente do subjuntivo	Imperativo afirmativo
(eu) pinte	-----------
(tu) pint**ES**	pint**A**
(ele/a) pinte	pinte
(nós) pintemos	pintemos
(eles/elas) pintem	pintem

Imperativo negativo

Presente do subjuntivo	**Imperativo negativo**
(eu) pinte	-----------
(tu) pint**ES**	não pint**ES**
(ele/a) pinte	não pinte
(nós) pintemos	não pintemos
(eles/elas) pintem	não pintem

Observação importante: lembre-se de que no livro–texto a gramática é apresentada em formato condensado e normativo. Reservamos as discussões sobre variação, gramática descritiva, fala monitorada x fala não monitorada para o Caderno de Produção.

Imperativo: formas irregulares

Há somente seis imperativos irregulares:

dar – dê/deem
estar – esteja/estejam
haver – haja/hajam
querer – queira/queiram
saber – saiba/saibam
ser – seja/sejam

Prática

1-29. Conselhos. Com um/a colega, escolha os cinco conselhos mais relevantes a serem dados a um/a jovem aspirante a ator/atriz. Atenção: os verbos estão no infinitivo. Coloquem-nos no imperativo.

aprender a dançar – fazer muita ginástica – cuidar do corpo – ler bastante – ter aulas de canto – aprender a pintar – fumar muito – dormir pouco – remar uma hora por dia – querer aprender sempre mais

a. ____

b. ____

c. ____

d. ____

e. ____

1-30. Vida de artista. Usando o imperativo, você e um/a colega vão dizer a um/a jovem bailarino/a o que ele/ela deve fazer para ter sucesso na carreira.

a. ______________________________

b. ______________________________

c. ______________________________

d. ______________________________

e. ______________________________

1-31. Vida de artista. Inspirando-se no poema abaixo, crie sua própria definição de "ser artista" ou, como no poema, dê dicas para quem quer se tornar ou se sentir artista.

Uma receita de como fazer arte

Respire fundo. Feche os olhos.
Use roupas soltas. Sinta cada parte do corpo.
Veja com a imaginação. Fale com estranhos. Estranhe tudo que é comum.
Imagine a cor das palavras. Escreva todos os dias.
Carregue um caderno e um lápis sempre.
Seja você; seja outro.
Pense na possibilidade da impossibilidade.
Desenhe a emoção. Pinte o rosto de um ente querido.
Ande pelas ruas a vagar. Passe a noite acordado.
Beije rostos pingados de lágrimas. Grave sua voz.
Mapeie a sua geografia.
Ouça as histórias das crianças. Durma sem sonhar.
Passe tempo com os idosos. Ria sem saber por quê. Durma sonhando.
Emocione-se com a dádiva de cada dia.
Tome banho de chuva. Ande descalço.
Chore mais. Vibre com as pequenas coisas.
Simplifique a vida, mas não o pensamento.
Fique em silêncio ao menos um pouco.
Visite o seu vizinho. Cante quando tiver vontade.
Encene um pedacinho de si cada dia. Deixe um poema solto num bar.
Seja crédulo.

Patricia I. Sobral

Para saber e praticar mais? Consulte o Caderno de Produção.

1-32. Agora, usando o imperativo, crie sua própria "receita" de como fazer arte.

Ler é viver através de outros olhares (III)

Aquecimento

1-33. Relacione a coluna da direita com a da esquerda.

____ outrem	a. apto para receber, ter ou experimentar
____ alheio	b. movimento artístico, literário ou de pensamento filosófico
____ suscetível	c. pessoa que não participa do processo de comunicação e cuja menção é imprecisa ou indefinida
____ corrente	d. que não nos pertence, que é de outra pessoa

1-34. Você acha que todos têm potencial para se tornarem artistas?

1-35. Na sua opinião, o que o artista procura realizar através da arte?

1-36. Você acredita em inspiração? Você acha que um artista é alguém que encontra inspiração no cotidiano mais banal, ao contrário dos outros?

Carta a Miguel Torga

1) Toda a arte se baseia na sensibilidade, e essencialmente na sensibilidade.
2) A sensibilidade é pessoal e intransmissível.
3) Para se transmitir a outrem o que sentimos, e é isso que na arte buscamos fazer, temos que decompor a sensação, rejeitando nela o que é puramente pessoal, aproveitando nela o que, sem deixar de ser individual, é todavia susceptível de generalidade, portanto, compreensível, não direi já pela inteligência, mas ao menos pela sensibilidade dos outros.
4) Este trabalho intelectual tem dois tempos: a) a intelectualização directa e instintiva da sensibilidade, pela qual ela se converte em transmissível (é isto que vulgarmente se chama "inspiração", quer dizer, o encontrar por instinto as frases e os ritmos que reduzam a sensação à frase intelectual (prim. versão: tirem da sensação o que não pode ser sensível aos outros e ao mesmo tempo, para compensar, reforçam o que lhes pode ser sensível); b) a reflexão crítica sobre essa intelectualização, que sujeita o produto artístico elaborado pela "inspiração" a um processo inteiramente objectivo – construção, ou ordem lógica, ou simplesmente conceito de escola ou corrente.
5) Não há arte intelectual, a não ser, é claro, a arte de raciocinar. Simplesmente, do

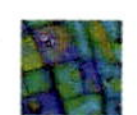

trabalho de intelectualização, em cuja operação consiste a obra de arte como coisa, não só pensada, mas feita, resultam dois tipos de artista: a) o inspirado ou espontâneo, em quem o reflexo crítico é fraco ou nulo, o que não quer dizer nada quanto ao valor da obra; b) o reflexivo e crítico, que elabora, por necessidade orgânica, o já elaborado. Dir-lhe-ei, e estou certo que concordará comigo, que nada há mais raro neste mundo que um artista espontâneo – isto é, um homem que intelectualiza a sua sensibilidade só o bastante para ela ser aceitável pela sensibilidade alheia; que não critica o que faz, que não submete o que faz a um conceito exterior de escola ou de moda, ou de "maneira", não de ser, mas de "dever ser".

Fernando Pessoa

Refletindo sobre a leitura

1-37. Você acredita que há limites entre a arte e a razão?

1-38. Há dois tipos de artista (de acordo com o F. Pessoa): o inspirado ou espontâneo e o reflexivo e crítico. Quais são as diferenças entre esses dois tipos de artista? Faça uma lista abaixo com as características de cada um deles.

O inspirado ou espontâneo	O reflexivo e crítico

1-39. Lendo o texto com atenção, é possível perceber qual dos dois tipos de artista Fernando Pessoa valoriza mais? E você? Qual é a sua opinião sobre esse tema?

Dando voltas às palavras

1-40. Consulte novamente o vocabulário das leituras I, II, III e do áudio. Escolha no mínimo cinco palavras ou expressões e construa suas próprias frases.

____

____

____

____

____

____

____

____

Cenários

1-41. **A vida através da arte.** Em grupos, imaginem que vocês são artistas e se reúnem num café ou numa mesa de bar para bater papo. Há, por exemplo, uma escritora, um pintor, uma arquiteta e um músico. Escolham um dos temas seguintes para discutir: direitos autorais e pirataria em um mundo globalizado, políticas públicas em relação às artes e como a violência é retratada nas artes atualmente.

1-42. **Arte, artesanato e cultura de massa.** Em grupos, imaginem que vocês são estudantes de arte e se reúnem num café ou numa mesa de bar para bater papo. Tentem estabelecer as diferenças entre cada um dos seguintes conceitos: arte, artesanato e cultura de massa. Em seguida, cada um de vocês deve se posicionar frente a essas três formas de expressão cultural.

Debates

1-43. As funções da arte. Em grupos, reflitam sobre as ideias abaixo. Escrevam dois argumentos contra e dois argumentos a favor das duas posições. Em seguida, o/a professor/a vai dividir a turma em dois grupos. Cada grupo defenderá um ponto de vista diferente. Comparem notas, montem seus argumentos e pensem nos argumentos do grupo oponente. Elaborem contra-argumentos.

Algumas pessoas acreditam que a arte deve ter um papel de entretenimento e/ou um papel de exaltar a beleza. Outras ainda acham que a arte deve provocar nossa reflexão e denunciar situações de injustiça. Mas, afinal, que papéis a arte desempenha nas sociedades?

Para organizar os pontos de vista e argumentos, use o quadro abaixo:

• Em primeiro lugar... • Primeiramente... • Em seguida... • Além disso...	• A prova é que... • Enfim... • Nós podemos concluir que...

Expressões úteis usadas em debates:

• Eu acho que... • Eu concordo com... • Eu discordo de... • Por quê? • Por que não? • Porque... • É interessante, mas...	• Eu prefiro... • Pode ser... • Depende... • É melhor... • É pior... • Eu não tenho certeza, mas... • De jeito nenhum!

Portfólio

1-44. Cada um/a de vocês vai passar o semestre criando um portfólio em português. Vamos começar o processo criando um espaço (livro em branco, pasta, capa e contracapa, caixa, dropbox na internet etc.) no qual você poderá armazenar toda a sua produção do semestre. Depois de criar o portfólio, você deverá dar um nome a esse espaço artístico. Pense que ele terá de armazenar palavras, fotografias, possivelmente objetos tridimensionais, retalhos etc. O primeiro trabalho que cada um/a colocará em seu portfólio será a sua receita de artista.

Unidade 2

Revelando através da fotografia

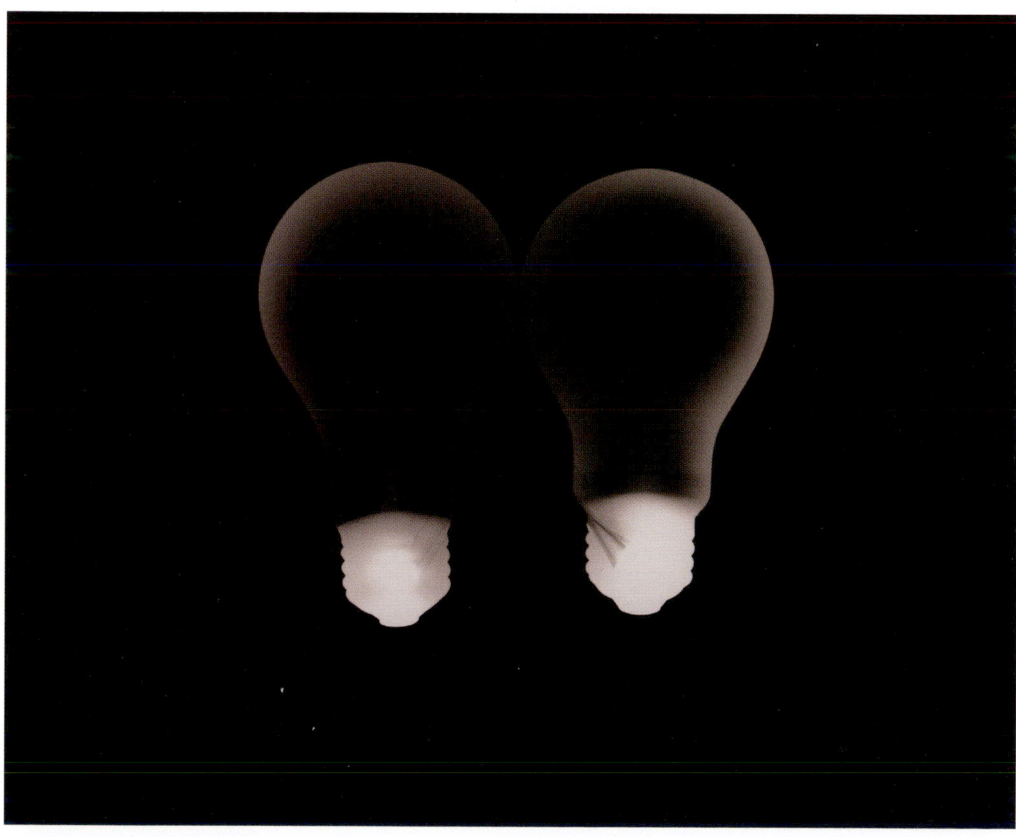

Imagem: Sophie Barbasch.

Primeiros acordes

2-1. **Associando palavras e pensamentos.** Escreva todas as palavras que vêm à mente ao ouvir a palavra "fotografia". Compare suas notas com as de um/a colega e depois compartilhem os resultados com a turma.

____

____

____

Por que fotografar? Quais são as funções da fotografia?

"Manipulação de imagem e fotografia sempre caminharam juntas. A fotografia começou com muitas experiências dentro do quarto escuro. Desde o início, os fotógrafos alteravam as suas imagens no processo de revelação, seja expondo uma determinada área mais à luz, ou escurecendo uma parte da foto."

~Mariana David,
fotógrafa brasileira

"Setenta e cinco por cento da nossa percepção é visual. O que a gente consome nos jornais e na TV tem um impacto muito maior com uma imagem. Todo mundo assume que a imagem é uma prova e muitas vezes isso não é verdade. A imagem tem esse poder de sedução que é usado na política, nos anúncios. A gente percebe muito as imagens e é levada a consumir, e a maioria da população aceita que essa imagem é verdadeira. Então, por isso é importante educar as pessoas."

~João Kulcsár,
fotógrafo e professor brasileiro

"Era um adolescente de 11 anos e assisti, de cima do telhado da casa onde morava, o bombardeio do Palácio de La Moneda, onde morreu o presidente chileno. Essas e outras imagens, que estão registradas até hoje na película do meu cérebro, me influenciaram profundamente na vontade de denunciar através da imagem o que eu considerava errado em nossa sociedade."

~Fernando Rabelo,
fotógrafo brasileiro

"A fotografia em preto e branco transmite algo que a fotografia a cor não tem."

~Carmo Correia,
fotógrafa portuguesa radicada em Macau

"A fotografia é uma parte forte no sistema de comunicação, principalmente se ela for bem feita, se tiver uma correlação com a realidade, se quem a estiver fazendo tiver uma identificação com o tema."

~Sebastião Salgado,
fotógrafo brasileiro

2-2. **O papel da fotografia.** Assinale, as lado dos nomes dos autores das frases citadas anteriormente, o quanto você concorda ou não com elas. Atribua notas de 1 a 5, sendo: (1) Identifico-me totalmente e (5) Identifico-me muito pouco:

( ) Mariana David

( ) João Kulcsár

( ) Fernando Rabelo

( ) Carmo Correia

( ) Sebastião Salgado

2-3. Há alguma afirmação acima que vá contra suas ideias sobre fotografia?

2-4. **Trocando ideias.** Em duplas, discutam as escolhas que vocês fizeram no exercício anterior. Em seguida, façam um resumo da discussão que tiveram para toda a turma. Preferencialmente, fale sobre seu/sua colega e vice-versa.

2-5. **Momento biográfico**

a. Quem na sua família é o/a fotógrafo/a não oficial?
b. As fotos da sua família estão guardadas em álbuns, expostas nas paredes, dentro de gavetas ou no computador?
c. Há certas fotos que se tornaram fotos clássicas da família? Comente sobre elas.
d. Há certas ocasiões em que fotografias são sempre tiradas? Por exemplo, festas de aniversário, festas de fim de ano, aniversários de casamento, etc.
e. Quem coleciona as fotos da família? Há fotos antigas guardadas com alguém em particular?
f. O que você acha de colocar fotos de pessoas na Internet?

 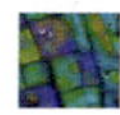

Intervalo para a gramática (I) – Pretérito, perfeito & imperfeito

O pretérito perfeito e o imperfeito exprimem diferentes perspectivas ou visões sobre o passado.

*O perfeito é uma **Fotografia***	*O imperfeito é um **Filme** do passado*

O perfeito fixa uma determinada situação dentro de um espaço de tempo, ao passo que o imperfeito não esclarece nem quando uma situação teve início nem quando terminou. Em outras palavras, **o imperfeito descreve** situações no passado e **o perfeito narra eventos específicos**.

Verbos regulares no pretérito perfeito Há três conjugações regulares no pretérito perfeito: **-ar** (-ei; -aste; -ou; -amos, -aram); **-er** (-i; -este; -eu; -emos; -eram); **-ir** (-i; -iste; -iu; -imos; -iram).	**Verbos irregulares no pretérito perfeito** Os verbos irregulares mais frequentemente utilizados no pretérito perfeito são: dar, dizer, estar, fazer, ir, poder, pôr, querer, saber, ser, ter, trazer, ver, vir.
Verbos regulares no imperfeito Há duas conjugações regulares no pretérito imperfeito: **-ar** (-ava; -avas; -ava; -ávamos; -avam) ; **-er** e **-ir** (-ia; -ias; -ia; -íamos; -iam).	**Verbos irregulares no imperfeito** Há apenas quatro verbos irregulares no imperfeito: ser, ter, vir, pôr.

Prática

2-6. Andando em círculos. Circule pela sala de aula e procure alguém que quando criança:

a. tinha um avô que gostava das fotos posadas com todos juntos. Nome do/a colega: ________________

b. tinha uma tia que nunca pedia permissão para tirar fotos das pessoas. Nome do/a colega: ________________

c. tinha um primo que fugia da câmera, pois detestava aparecer em fotografias. Nome do/a colega: ________________

d. tinha um irmão ou uma irmã que nunca sorria nas fotografias.
Nome do/a colega: ______________

e. tinha uma irmã ou um irmão que sempre saía fazendo caretas.
Nome do/a colega: ______________

f. tinha um tio que sempre saía de olhos fechados nas fotografias.
Nome do/a colega: ______________

2-7. Tirando fotografias em família. Entreviste um/a colega e descubra como eram os hábitos de fotografar durante a infância e/ou adolescência dele/dela. Antes de fazer as perguntas, decida se o verbo deve estar no perfeito ou imperfeito e grife o tempo correto. Atenção! Às vezes é possível aceitar as duas opções (confira o Caderno de Produção). Discuta esses casos "cabeludos" com seu/sua professor/a.

a. Quando você *foi/era* criança *tiravam/tiraram* muitas fotografias suas?
b. Quem *foi/era* a pessoa mais fotografada da sua família?
c. Quando *foi/era* sua primeira experiência como fotógrafo/a?
d. Você *gostava/gostou* de fotografar quando *foi/era* adolescente?
e. Que tipos de fotos você *tirou/tirava* (paisagens? pessoas posadas? etc.)?
f. Se comparar as fotos que você tira hoje em dia com as que você *tirou/tirava* na adolescência, algo *mudou/mudava*?

2-8. Mudanças. Discuta com um colega as vantagens que as câmeras digitais trouxeram. O que se pode fazer agora que não se podia fazer antes?

Para saber e praticar mais? Consulte o Caderno de Produção.

a. Antigamente ______________________________
b. Quando os nossos pais eram jovens ______________________
c. Quando não havia câmeras nos telefones ________________
d. Quando eu era criança __________________________
e. Antes ______________________________________

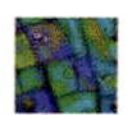

Ler é viver através de outros olhares (I)

Aquecimento

2-9. Definições. Observe os termos listados na coluna da esquerda e escolha a melhor definição/sinônimo para o mesmo na coluna da direita.

a. bolsa de estudos	( ) tópico, tema
b. formar-se	( ) determinado período de tempo em que "um aprendiz" passa colocando seu conhecimento teórico em prática sob a supervisão de profissionais mais experientes
c. assunto	( ) obter um grau acadêmico, terminar a universidade, o ensino primário e médio
d. balançar	( ) meios financeiros para estudantes ou pesquisadores
e. estágio	( ) hesitar, ficar com dúvidas

2-10. Bisbilhotando com discrição. Entreviste um/a colega e, em seguida, compartilhe o que descobriu com o resto da turma.

a. Você já escolheu sua área de estudos? Caso sua resposta seja afirmativa, diga qual foi sua escolha e dê pelo menos duas razões para sua decisão. Caso você ainda não tenha escolhido, com qual área você tem mais afinidade? Ciências humanas, biológicas ou exatas? Por que você escolheria ou não uma dessas três áreas?

b. Você tem alguma ideia do que gostaria de fazer depois de se formar?

c. Você conhece alguém que mudou radicalmente de profissão? Comente.

Percursos fotográficos

João: Eu sempre fiquei dividido entre humanas e exatas. Meu pai trabalhava em fábrica e na hora de decidir eu balancei, mas aí fui para engenharia mecânica. Comecei a fazer estágio numa empresa e, depois de me formar, fiquei nessa mesma empresa. Mas eu não me sentia completo, tanto que fazia outras coisas, cursos na área de humanidades etc. Lá na empresa comecei a fazer o treinamento dos funcionários. Comecei a me identificar e me expressar. Antes de me formar, porque eu era muito tímido, eu fiz um curso de teatro. Você não tem ideia de como eu era jacu e de como o teatro me ajudou.

Em 89, junto com uns amigos que perderam o emprego, eu brincava de tirar fotografia. Eu queria trabalhar em projetos sociais e com imagem. Para eles foi algo temporário e eu fui me envolvendo cada vez mais. Queria fazer alguma coisa com educação e fotografia. Comecei a dar mais e mais aulas e depois de três anos eu resolvi largar a engenharia e aí passei a dar aulas. Fui trabalhando mais com fotografia e como professor. Ganhei uma bolsa do British Council para fazer mestrado na Inglaterra e lá pude realmente estudar fotografia. Voltei e continuei a dar aulas, a montar projetos e exposições e me envolver com projetos sociais e aí por isso diminuiu um pouco o tempo dedicado a fotografar. Em 2002, com uma bolsa da Fulbright, fui para os Estados Unidos. Quando voltei, surgiu a ideia da ONG.

Patricia: E a ONG continua?

João: A ONG continua e o objetivo era propor novas ideias e agora vamos retomar isso.

Patricia: Você poderia falar sobre os projetos sociais?

João: Essa é uma vantagem de trabalhar com imagem. Quando eu estava na Inglaterra descobri essa ideia da alfabetização visual, que é a leitura escrita com imagem. Então, comecei a trabalhar com formação de pessoas. Por exemplo, fui convidado a dar aulas na FEBEM, hoje chamada Fundação Casa, onde ficam os jovens em conflito com a lei. Lá surgiu a ideia dos próprios guardas serem os monitores/educadores que dariam as aulas. Eles (os guardas) sabiam do assunto, como é trabalhar com esses jovens, mas não tinham a técnica de dar aula, de preparar a imagem etc. Nesse projeto, os jovens se expressaram através da fotografia como forma de trabalhar temas como HIV, meio-ambiente, direitos dos jovens etc. Mas o mais difícil de tudo era trabalhar com o governo, com a instituição, pois entrávamos com câmeras num lugar onde tinha polícia, guardas, pessoas que não podiam ser fotografadas. Lembro de um dia em que um guarda não deixou a gente sair para fotografar num parque fechado, mesmo com um documento que dava autorização para a gente sair da casa grande onde eles dormiam. Eu fiquei super frustrado e um menino veio me consolar: "João, não esquenta, não. Eles são assim mesmo. A gente faz alguma coisa aqui dentro mesmo". Eu pensei: estou aqui dando aula e eu fico chateado e o menino que está aqui em uma situação dificílima vem me consolar. Isso é a vantagem de trabalhar como educador – essa troca. Usar a fotografia para discutir questões sociais com jovens e outros públicos.

Trecho adaptado da entrevista de João Kulcsár concedida a Patricia Sobral

Refletindo sobre a leitura

2-11. Responda e comente as perguntas abaixo.

a. Você acha que há profissões em que não existe "troca"? Caso sua resposta seja afirmativa, quais seriam essas profissões?
b. Você (ou alguém que você conhece) já trabalhou em lugares com regras muito rígidas a ponto de interferir com o próprio trabalho? Se a sua resposta for afirmativa, como você (ou a pessoa que você conhece) se sentiu? Como reagiu? Fez alguma mudança?
c. Você já se surpreendeu com a ajuda de alguém que estava em situação pior que a sua?
d. Muitas pessoas no Brasil têm restrições às ONGs. Qual é a sua opinião sobre o tema?

No estúdio – Depoimento de João Kulcsár

Aquecimento

2-12. **Definições.** Relacione a coluna da esquerda com a da direita.

a. Nem doeu	( ) Desista dessa ideia
b. Quando casar passa	( ) Foi menos difícil do que eu pensava
c. Tire o cavalinho da chuva	( ) Não se sentir intimidado, perguntar
d. Quem tem boca vai a Roma	( ) Todos os males são curados com este evento

Melodias da língua. Agora ouça a gravação.

2-13. Responda e comente as perguntas abaixo.

a. O João afirma que 75% da nossa percepção é visual. Você concorda com essa afirmação? Discuta com um colega as nossas diferentes percepções: visual, auditiva, tátil, olfativa e gustativa.
b. Com base na discussão acima, preencha o quadro a seguir com as porcentagens que você imagina ter de cada percepção.
c. Você acha que as imagens seduzem mais do que as palavras?
d. Segundo João Kulcsár, a imagem fotográfica é uma forma democrática. O que ele quer dizer com isso?

visual	auditiva	tátil	olfativa	gustativa

Intervalo para a gramática (II)

Comparativos

a) de inferioridade e superioridade
   mais... (do) que
   menos... (do) que

b) igualdade
   tão … quanto/como
   tanto/a … quanto/como
   tantos/as … quanto/como

Superlativos

O superlativo pode ser relativo ou absoluto. Para formar o superlativo relativo, use *artigo definido + substantivo + mais/menos + adjetivo*. Por sua vez, o superlativo absoluto pode ser analítico ou sintético: muito inteligente ou inteligentíssima. Há tantas exceções na formação do superlativo sintético que a tendência é optar pela forma analítica.

Prática

2-14. Revelação. Entreviste um/a colega e descubra qual é a relação do/a colega com a fotografia. Lembre-se de usar os comparativos e superlativos em suas respostas.

a. Você gosta mais de tirar fotografias ou de desenhar?
b. De que você costuma tirar mais ou menos fotos? Por exemplo, pessoas, paisagens, animais, objetos? Por quê?
c. O que você prefere? Assistir a um vídeo ou ver fotos de um casamento? O que há de pior e o que há de melhor em cada uma dessas situações?

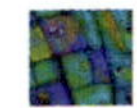

d. De que maneira você prefere documentar os eventos? Tirando fotografias, desenhando, escrevendo ou filmando? Escreva cinco frases comparando uma modalidade com a outra.

Exemplo: Fotografar para mim é mais fácil do que desenhar.

____

____

____

____

2-15. Em grupos, escolham um/a artista famoso/a (pode estar vivo/a ou falecido/a) e descrevam essa pessoa comparando-a com outro/a artista. Escrevam um mínimo de 5 frases, usando comparativos e superlativos, conforme necessário.

____

____

____

____

____

____

2-16. Agora façam perguntas para os grupos e tentem adivinhar o/a artista que cada grupo escolheu. As respostas só podem ser "sim" ou "não". Depois de adivinhar, cada grupo vai ler a sua descrição.

Exemplos:

É uma artista? Não.
Ele está vivo? Sim.

Para saber e praticar mais? Consulte o Caderno de Produção.

Ler é viver através de outros olhares (II)

Aquecimento

2-17. Definições. Escolha a melhor definição para os termos listados abaixo.

a. inchar
( ) tornar-se incapaz
( ) encetar-se
( ) fazer aumentar ou aumentar de volume ou intensidade

b. incensar
   ( ) fazer arder
   ( ) elogiar excessivamente
   ( ) tornar-se caloroso

c. perscrutar
   ( ) admitir clérigo em uma diocese
   ( ) exaltar-se
   ( ) examinar, investigar rigorosamente

d. recôndito
   ( ) escondido, oculto
   ( ) ostensivo
   ( ) proclamado

2-18. Pense nos muitos artistas que você conhece e os quais aprecia por alguma razão. Agora escreva os nomes de três desses artistas. Identifique se esses artistas estão engajados em questões sociais ou não. Se estão, indique qual é a questão (ou questões) social/sociais. Você acha que aprecia esses artistas justamente por darem importância a questões sociais? Você crê que esse enfoque em questões sociais é uma obrigação do artista?

A razão de olhos inchados

É quase impossível manter-se indiferente diante dos recortes que Sebastião Salgado faz do mundo que nos cerca. As imagens que seu olhar agudo captura provocam quase que inevitavelmente algum tipo de reação em quem as observa. Em alguns, sentimentos de encantamento, tristeza, revolta e impotência misturam-se a desejos de mudança e transformação. Em outros, esses "recortes da realidade" geram ódio, resistência e culpa. Alguns admiram sua coragem e o incensam por denunciar brutalidades, enquanto outros acusam-no de explorar a miséria humana. Por que tanta controvérsia, tantos sentimentos fortes e conflitantes? Um convite a perscrutar os mais recônditos e obscuros pontos da alma humana? Talvez a resposta seja menos complicada e se encontre nas próprias palavras de Salgado "[...] muitas vezes eu não pude socorrer, não pude fotografar, me sentei num canto e chorei durante horas, a ponto de não poder mais fotografar porque meus olhos ficaram inchados". Apesar de ser uma pista tentadora, seria extremamente simplista atribuir o impacto da obra de Salgado única e exclusivamente à emoção que transborda do olhar do fotógrafo e inunda sua arte. Há muito mais a se considerar quando se tem a pretensão de compreender a razão de tanta comoção em torno de "meros recortes" da realidade.

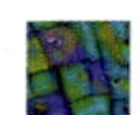

Um caminho alternativo seria refletir sobre a trajetória artística de Salgado. É no mínimo intrigante pensar que, aos vinte e nove anos, o jovem Sebastião mudou completamente o rumo de sua vida. Decidiu ser fotógrafo e abandonou uma promissora carreira como economista. Desde então, tem saído pelo mundo afora realizando projetos fotográficos que podem durar meses ou até anos. Mas, atenção, não se trata de pôr uma mochila nas costas e sair à procura de cenas inusitadas e pungentes. Muito pelo contrário, antes de lançar-se a campo, Salgado faz muita pesquisa e, segundo ele, trabalha "[...] dentro dos conceitos, expectativas e estratégias concebidas". Portanto, uma verdadeira combinação de razão e emoção dá vida a suas obras e as diferencia de trabalhos da mesma natureza. Entretanto, sua maior força para uns e maior desgraça para outros provavelmente seja seu forte engajamento em questões sociais. Considera-se um contador de histórias e acredita que suas narrativas fotográficas podem contribuir para promover uma transformação social na medida em que provocam a opinião pública. Tem, no entanto, a convicção de que fotografias precisam estar inseridas em um contexto maior para que a sociedade comece a clamar por mudanças. Segundo ele, é necessário que haja todo um movimento ancorado em sistemas eficazes de informação em que as fotografias possam se apoiar para transformar a sociedade.

Sebastião Salgado é certamente um dos ícones da fotografia moderna. Suas fotos são intensas, belas e provocadoras. Depois de vê-las e admirá-las, é preciso preparar-se para lidar com emoções que por certo nos inquietarão por muito tempo.

Obras de Sebastião Salgado:

Os resultados dos trabalhos de Salgado são publicados na imprensa de vários países do mundo e muitos deles foram apresentados em forma de livros, tais como: *Outras Américas* (1986), *Sahel, l'Homme en détresse* (1986), *Trabalhadores* (1993), *Terra* (1997), *Êxodos e retratos de crianças do êxodo* (2000) e *África* (2007).

Clémence Jouët-Pastré

Refletindo sobre a leitura

2-19. Jogo dos opostos e muito mais. Após uma rápida primeira leitura, tente responder às questões abaixo:

a. Crie duas colunas com palavras opostas que você encontra no texto. Por exemplo, razão e emoção estariam em colunas diferentes apesar de estarem misturadas na obra de Sebastião Salgado.

Razão	Emoção

b. Examine a obra de Sebastião Salgado e identifique uma fotografia que é para você extremamente marcante. Analise a fotografia e crie uma mininarrativa, um microconto, por exemplo, em cima daquela fotografia ou um poema. Em outras palavras, una texto a fotografia.

c. Identifique três fotografias de Sebastião Salgado que estão diretamente engajadas em questões sociais.

d. Encontre outro/a fotógrafo/a que também tira fotografias que se relacionam com questões sociais.

e. Você acha que as fotografias têm o poder de transformar a realidade? Pense numa fotografia que o/a tenha transformado de alguma maneira. Se possível, traga-a para a aula.

f. Já houve algum momento na sua vida em que a emoção foi tanta que você ficou literalmente ou metaforicamente com os olhos inchados de tanto chorar? O que provocou essa emoção? Foi um lugar? Foi algo que você testemunhou? Descreva o momento.

A vida em arte

2-20. Observe as imagens, faça os exercícios propostos a seguir e compartilhe-os com a turma.

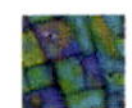

a. Discuta com um/a colega. Em sua opinião, uma imagem fotográfica é capaz de retratar a realidade?
b. Compare as duas imagens acima. Converse com um/a colega e identifique diferenças entre as imagens. Quais são os impactos dessas diferenças?
c. Em sua opinião, em que contexto (político, geográfico, social) essa imagem está inserida?

Intervalo para a gramática (III)

O futuro e o condicional

Tanto o futuro simples quanto a construção "ir + infinitivo" denotam uma ação a ser realizada no futuro. Na língua falada, há uma clara preferência pela sequência "ir + infinitivo", que também é amplamente utilizada na escrita. O futuro simples é usado quase que exclusivamente na escrita.
O condicional, também chamado de futuro do pretérito, exprime ações dependentes de uma condição bem como desejos, pedidos e sugestões. Expressa ainda ações posteriores à época de que se fala.

A construção "ir + infinitivo"	**Futuro simples**
Conjuga-se o verbo "ir" no presente do indicativo e agrega-se o verbo principal no infinitivo.	Forma-se o futuro simples acrescentando as terminações -ei, -ás, -á, -emos, -ão ao infinitivo do verbo em questão.
Condicional	**Verbos irregulares**
Forma-se o condicional acrescentando as terminações -ia, -ias, -ia, -íamos, -iam ao infinitivo do verbo em questão.	Tanto no futuro simples quanto no condicional há apenas três verbos irregulares: dizer, fazer, trazer.

Prática

2-21. O que você faria se lhe dessem uma câmera digital? Coloque na ordem de preferência:

( ) tiraria fotos de minha família

( ) tiraria fotos de meus amigos

( ) venderia a câmera, pois detesto tirar fotos

( ) trocaria a câmera por dinheiro, pois posso tirar boas fotos com meu celular

2-22. Compartilhe e explique suas preferências com um/a colega. Relate o que o seu/sua colega compartilhou com você para o resto da turma.

Para saber e praticar mais? Consulte o Caderno de Produção.

2-23. Abaixo há uma lista de programas para se fazer neste fim de semana. Infelizmente não dá para fazer tudo. Junto com um/a colega, decida quais serão os três programas que vocês farão neste fim de semana.

a. Assistir ao novo filme do Johnny Depp
b. Ir à exposição do Ricardo Rangel, fotógrafo moçambicano
c. Assistir à peça da Fernanda Montenegro, *Pato com laranja*
d. Ir ao Museu da Língua Portuguesa
e. Ouvir a orquestra sinfônica tocar Carlos Gomes
f. Ver o novo show do Madredeus

Ler é viver através de outros olhares (III)

Aquecimento

2-24. Vocabulário. Escolha a palavra adequada para completar a frase.

a. As fotografias de Carmo Correia são belíssimas e, portanto, ______________ o olhar do público.
( ) enojam
( ) cativam
( ) caminham

b. Quando penso em meu país natal, tenho grandes ____________ de memória.
( ) lacunas
( ) lagunas
( ) lugares

 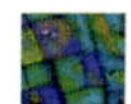

c. Adorei as fotos que você tirou durante a nossa viagem a Cabo Verde. A única ______________ é que você tirou poucas fotos do Tarrafal.
( ) ressaca
( ) ressalva
( ) resgate

d. Os meus amigos e eu adoramos ir a ______________ para beber uísque de graça.
( ) afogamentos
( ) afazeres
( ) lançamentos

2-25. Nas colunas abaixo, escreva ao menos cinco diferenças entre fotografias em preto e branco e fotografias a cores.

Preto e branco	**A cores**

2-26. Comparações. Agora, compare as diferenças usando os comparativos de inferioridade e superioridade. Pode-se usar também o superlativo.

O espectador entra em cena: arte feita a quatro mãos

"O preto e branco é um apelo à imaginação. Temos que imaginar o que não está lá, porque ali só temos a imagem, não há o verde, o amarelo, o azul e todas as outras cores que existem na realidade", declarou a fotógrafa Carmo Correia em entrevista publicada no *Tai Chung Pou*, jornal em português de Macau.

Nascida em Lisboa, mas radicada em Macau desde 2000, Carmo Correia diz-se apaixonada por viagens e fotografia. Talvez esse desejo de experimentar outros "mundos" e, ao mesmo tempo, fixá-los em um pequeno recorte do espaço infinito explique, pelo menos parcialmente, um dos apectos mais cativantes da obra de Correia. Trata-se de um constante apelo à imaginação do espectador, ou seja, um verdadeiro convite a uma viagem imaginária para que ele/ela construa e reconstrua o mundo em colaboração com a artista. Essa re/construção é feita a partir de pistas como, por exemplo, uma imagem a ser coberta de cores ou um fragmento que precisa ser completado até que se chegue a um todo.

O olhar sensível e agudo de Correia já capturou momentos e paisagens em um sem número de fotografias que, por sua vez, foram reunidas em livros, exposições e catálogos. Lançado em 2007, em forma de exposição e de livro, "Sentir o Património" é um de seus trabalhos mais conhecidos. Em poucas palavras, constitui-se de um conjunto de fotografias dos edifícios de Macau que foram classificados pela UNESCO como patrimônio mundial. Quando se fala em monumentos e fotografias, a tendência de muitos é pensar em imagens que exaltem a grandiosidade dos objetos fotografados. Para nossa grande surpresa, C. Correia opta por fazer fotos que revelam apenas parte do monumento. Ou seja, cabe ao espectador tentar preencher as lacunas que encontrará nas imagens.

Em 2010, o Museu do Oriente em Lisboa fez uma reedição da exposição "Sentir o Património" e a intitulou "Macau: Sentir o Património". Carmo Correia lançou *Colours of Culture*, seu segundo livro sobre Macau. Como o próprio título indica, trata-se de um livro diferente do primeiro, pelo menos no que diz respeito às cores: no primeiro as fotos são em branco e preto e no segundo em cores vibrantes. Alguns críticos apontam que *Colours of Culture* é um livro mais comercial do que *Sentir o Património*. Pode ser que tenham razão. A própria fotógrafa não refuta as críticas, mas faz uma ressalva em entrevista concedida ao jornal eletrônico *Ponto Final* de Macau: "Quero mostrar o que é a cultura de Macau, que há muitas coisas para trazer aqui turistas além do jogo. O objectivo é mostrar todo esse lado, e daí não ter fotografado casinos".

Projetos futuros? Carmo Correia tem uma gaveta cheia deles, mas não pode ainda nos "revelar" exatamente do que tratam. O jeito é esperar seu olhar certeiro e cirúrgico produzir mais um de seus arrebatadores livros.

Clémence Jouët-Pastré

Refletindo sobre a leitura

2-27. Responda às questões abaixo.

a. Definir ou sugerir? Quais são as diferenças entre uma fotografia que sugere algo (deixa lacunas como dito acima) e uma fotografia que define algo ou alguém? Os objetivos certamente são diferentes por parte do/a fotógrafo/a.

b. Pense nos títulos dos dois livros de Carmo Correia. *Sentir o Património* não é uma maneira comum de falar sobre edifícios. Por que você acha que C. Correia escolheu este título? Pense também no *Colours of Culture* e o que ela diz sobre a cultura de Macau. Se a cultura de Macau se traduz em cores vibrantes para C. Correia, em quais cores se traduz a sua cultura?

Dando voltas às palavras

2-28. Visite novamente o vocabulário das leituras I, II, III e do áudio. Escolha no mínimo cinco palavras ou expressões e construa suas próprias frases.

____

____

____

____

____

____

____

____

Cenários

2-29. **Fotografia e história universal.** Traga para a sala de aula uma fotografia que o/a marcou ou comoveu. A fotografia precisa ser de um evento histórico, recente ou não.

Escreva um texto explicando por que você escolheu essa fotografia. Traga tanto o texto quanto a fotografia para a sala de aula.

Primeiramente vamos criar uma galeria de fotos colocando-as no quadro, num cordel ou na parede da sala de aula. Observe as fotos e tente identificar os eventos de cada uma das fotografias em termos do que ocorreu, onde e quando.

Em seguida, cada aluno/a lerá o seu texto em voz alta e todos os demais tentarão fazer a correspondência entre texto e imagem.

2-30. **Fotografia e história pessoal.** Traga para a sala de aula uma fotografia que por alguma razão seja importante para você. Pode ser de uma pessoa, um lugar, ou mesmo um objeto.

Escreva um texto explicando por que você escolheu essa fotografia. Traga tanto o texto quanto a fotografia para a sala de aula.

Primeiramente vamos criar uma galeria de fotos colocando-as no quadro, num cordel ou na parede da sala de aula. Cada estudante vai escolher uma fotografia que não seja a sua e vai escrever um parágrafo curto sobre a fotografia, imaginando a história que está por detrás da mesma. Depois, cada um vai ler o seu parágrafo e depois o/a dono/a da foto vai ler o seu texto. Vamos ver o quanto os textos se aproximam.

Debates

2-31. Metade da turma vai defender a ideia de que os telefones celulares não devem ter câmeras. A outra metade vai contra essa ideia. Não se esqueça de rever a Unidade 1, em que apresentamos expressões usadas em debates e a organização dos mesmos.

2-32. Há algo que une os fotógrafos, independentemente do país de origem? Quais são as preocupações dos fotógrafos em termos do que fotografam? Comente as semelhanças e diferenças.

2-33. Há muitos fotógrafos que são chamados de fotojornalistas. Qual é a relação entre a fotografia e o jornalismo? Quais são as limitações da fotografia e quais são as limitações das palavras? As duas formas de arte se complementam?

Agora vocês vão ser fotojornalistas. O seu/sua professor/a vai trazer algumas fotos e alguns textos para a sala de aula. Em grupos, vocês escreverão pequenos textos para as fotos. Para os textos, vocês terão que encontrar fotos que se relacionem com os textos.

Portfólio

2-34. O autorretrato pode ser pensado de várias maneiras. Pode ser realmente um autorretrato, em outras palavras, o sujeito se coloca diante da câmera e simplesmente tira uma fotografia sem artifícios. O autorretrato pode ser deturpado ou transformado para dar um perfil do interior da pessoa; pode, por exemplo, retratar um traço da personalidade ou realçar uma característica. O autorretrato não precisa ser uma imagem da pessoa, mas pode ser um lugar e/ou objeto que a evoque.

Atividade. Traga o seu autorretrato para a sala de aula. Vamos criar uma galeria das imagens para que todos possam ver os autorretratos uns dos outros. Ao lado de cada autorretrato terá uma folha de papel e cada pessoa vai escrever uma frase sobre o autorretrato das outras. Depois que todos tiverem escrito algo, aí então o/a aluno/a em questão fará uma colagem das frases, palavras etc. Esse texto se unirá à foto.

Coloque o seu autorretrato junto com o texto no portfólio (livro, caixa, pasta, *dropbox*) que você criou na Unidade 1.

Unidade 3

Dança: a arte do efêmero

Imagem: Roberto Villanua.

Primeiros acordes

3-1. **Associando palavras e pensamentos.** Escreva todas as palavras que vêm à mente ao ouvir a palavra "dança". Compare suas notas com as de um/a colega e depois compartilhem os resultados com a turma.

___

___

___

O que é dança? Qual é a sua função?

"A dança tem que ser abordada com rigor profissional. É necessário ter disponibilidade para trabalhar muito, repetir gestos até se atingir a perfeição. Tem que ser abordada de uma forma séria. Isso de que nascemos com o talento cá dentro e depois é só deixar sair, não é verdade. É necessária muita transpiração para que as coisas resultem."

~ Ana Clara Guerra Marques,
bailarina e coreógrafa angolana

"[...] faz parte do mundo da dança a abstração."

~ Deborah Colker,
bailarina e coreógrafa brasileira

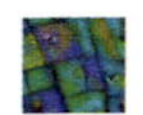

"Fomos sem dúvida buscar à dança tradicional africana a expressão, a energia, a alma, o sentimento, a garra que nos caracteriza. Por outro lado, temos esse lado europeu marcado por uma certa suavidade, presente também na morna ou na mazurca, por exemplo."

~ Bety Fernandes,
bailarina cabo-verdiana

"A dança é uma droga muito poderosa. Praticada com sabedoria, ela pode exorcizar demônios, liberar emoções reprimidas e colorir a sua vida em tons vivos de magenta que nunca se imaginou existirem."

~ Tarcísio Cunha,
bailarino brasileiro

3-2. **O papel da dança.** Assinale, ao lado dos nomes dos autores das frases citadas anteriormente, o quanto você concorda ou não com elas. Atribua notas de 1 a 4, sendo (1) Identifico-me totalmente e (4) Identifico-me muito pouco.

( ) Ana Clara Guerra Marques

( ) Deborah Colker

( ) Bety Fernandes

( ) Tarcísio Cunha

3-3. Contra ou a favor. Há alguma afirmação acima que vá contra suas ideias sobre dança? Por quê?

3-4. Trocando ideias. Em duplas, discutam as escolhas que vocês fizeram no exercício anterior. Em seguida, façam um resumo da discussão que tiveram para toda a turma. Falem sobretudo a respeito do ponto de vista defendido por seu/sua colega e vice-versa.

3-5. Momento biográfico.

a. Você dança? Caso não dance, por que não? Caso dance, o que gosta de dançar?
b. Onde você geralmente dança? Você prefere dançar com um/a parceiro/a ou sozinho/a?
c. Sua escolha do estilo de dança é influenciada pela música?

Intervalo para a gramática (I)

Particípio passado e presente contínuo

Ultimamente, eu tenho ido a muitos espetáculos de dança, mas não tenho dançado.

Particípio passado

Em português, o particípio passado pode ser regular, irregular ou ainda ter duas formas.

Particípios regulares	**Particípios irregulares**
Os verbos terminados em -**ar** passam a terminar em -**ado**. Por sua vez, os verbos terminados em -**er** e em -**ir** tendem a terminar em -**ido**.	O particípio de alguns verbos terminados em -**er** e em -**ir** é irregular. abrir → aberto; cobrir → coberto dizer → dito; escrever → escrito fazer → feito; pôr → posto ver → visto; vir → vindo

 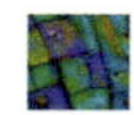

Duas formas de particípio

Há alguns verbos com duas formas de particípio passado. A regra de uso é bastante simples. Os verbos auxiliares "ser" e "estar" requerem o uso da forma mais curta do particípio passado. Por outro lado, os auxiliares "ter" (fala) e "haver" (escrita) teoricamente exigem a forma mais longa do particípio. Na realidade, na fala coloquial cada vez mais é comum os falantes usarem a forma curta também com os auxiliares "ter" e "haver".

Exemplo: A companhia de dança de Lolita Villanúa foi eleita a melhor do ano. Lolita gostaria de saber quem a tinha elegido, mas o voto é secreto.

Presente contínuo e voz passiva

Em português, o uso do presente contínuo é bem menos frequente que em inglês e esse tempo verbal é usado somente quando uma situação ou evento vem ocorrendo repetidamente até o momento em que o falante diz a frase. Uma pista para saber se a frase está adequada ao contexto é usar a palavra "ultimamente", pois esta deve ser evidente ou subentendida quando se emprega o presente contínuo. Na sentença abaixo, por exemplo, a palavra "ultimamente" está subentendida.

A companhia de balé de Lolita Villanúa tem ganhado muitos prêmios.

Na maioria das vezes em que se usa o presente contínuo em inglês, o falante de português opta pelo pretérito perfeito. Veja o exemplo abaixo:

A companhia de balé de Lolita Villanúa já ganhou algum prêmio?

Para formar o presente contínuo, basta conjugar o verbo "ter" no presente do indicativo e agregar o particípio passado do verbo principal.

Voz passiva

A voz passiva é amplamente utilizada no português falado e escrito. Ao contrário do inglês, não é preciso evitá-la em registros mais cultos.

Para formar a voz passiva, é necessário somar um sujeito (paciente da ação) + o verbo ser + o particípio passado do verbo principal. O acréscimo da preposição "por" + um complemento (agente da ação) é opcional.

O funk brasileiro foi criado no Rio de Janeiro.

O funk brasileiro foi criado no Rio de Janeiro por jovens.

É necessário fazer a concordância, em gênero e número, entre o paciente da ação e o particípio passado.

Novas coreografias foram criadas para o baile funk de sábado que vem.

Prática

3-6. Andando em círculos. Circule pela sala de aula e procure alguém que...

a. já teve muitas aulas de dança na vida. ______________________

b. tem tido muitas aulas de dança. ___________________________

c. nunca foi estimulado(a) a gostar de dança.

____

d. tem ido a muitos espetáculos de dança.

____

e. nunca foi a um espetáculo de dança. ______________________

f. quando criança, era sempre obrigado a ir a *O quebra-nozes* na época das festas de fim de ano. ___________________________

3-7. Quais são as funções da dança? A dança tem funções diferentes nas diversas sociedades. Podemos classificá-las de várias maneiras como, por exemplo, a que foi feita no quadro abaixo. Junto com um/a colega, tente encontrar mais exemplos para cada uma das categorias já apresentadas. Em seguida, tente lembrar-se de outras funções da dança e preencha com exemplos o resto da tabela. Finalmente, compare suas notas com as dos demais colegas:

Função	**cênica ou performática**	**social**	**religiosa**	________	________
Exemplos	balé ________ ________ ________	dança de salão ________ ________ ________	dança sufi ________ ________ ________	________ ________ ________ ________	________ ________ ________ ________

3-8. Eu no mundo da dança. Leia as afirmações e, pensando em si próprio/a, diga se são verdadeiras (V) ou falsas (F).

a. Nunca tinha ouvido falar na função social da dança. ( )

b. Nunca tinha relacionado a dança sufi a práticas religiosas. ( )

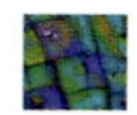

c. Nunca tinha podido desvincular a dança de sua função religiosa. ( )

d. Nunca tinha pensado que balé e dança de salão têm funções sociais diferentes. ( )

Para saber e praticar mais? Consulte o Caderno de Produção.

Ler é viver através de outros olhares (I)

Aquecimento

3-9. Definições. Relacione a coluna da direita com a da esquerda.

a. intercâmbio	( ) roupas, sapatos e acessórios usados em um espetáculo
b. partitura	( ) terminar um ciclo de cursos que dá direito a um certificado
c. figurino	( ) qualquer folha de papel com notação musical
d. formar-se	( ) uma pessoa, geralmente um/a estudante (1), vai morar em um país e outro/a estudante (2) vai para o país de onde saiu o/a estudante (1)

3-10. Pesquise e descubra

a. O que foi o massacre da Candelária, no Rio de Janeiro?

b. Belo Horizonte é a sede de um dos grupos de dança mais importantes do Brasil. Como se chama esse grupo e o que eles dançam?

c. Quem foi Augusto Boal?

d. Pense na arte e na pedagogia e em como esses dois campos podem se relacionar.

(An)danças entre Brasil e Porto Rico

Comecei a dançar quando tinha três anos de idade. Desde então, essa disciplina artística tem literalmente acompanhado os meus passos. Primeiro, fui bailarina de balé clássico e, posteriormente, dediquei-me à dança contemporânea. Uma companhia brasileira foi decisiva nessa mudança de rumo: o Grupo Corpo. Vi uma apresentação deles no Rio, onde morei seis meses fazendo um intercâmbio acadêmico com a Universidade Federal Fluminense no nível de graduação. Voltei a Porto Rico para me formar e depois novamente ao Rio, para passar outro semestre, já na pós-graduação. Enquanto estudava e continuava dançando, tive outra experiência marcante. Como parte do grupo teatral porto-riquenho Teatreros Ambulantes de Cayey, que tinha sido convidado ao Festival Internacional do Teatro do Oprimido, participei como atriz e assistente de produção desse evento dirigido por Augusto Boal. Essa oportunidade mostrou-me diversas maneiras de trabalhar diretamente com a comunidade e os problemas sociais através da arte. Dentre muitas memórias, lembro-me do ato artístico impactante que fizemos para protestar contra o massacre da Candelária.

Decidida a continuar em contato com o Brasil, em 1993 ingressei no Departamento de Estudos Luso-Brasileiros da Brown University. Dois anos mais tarde, fui novamente ao Brasil para entrevistar os escritores Sérgio Sant'Anna, João Gilberto Noll, Sônia Coutinho e Ivan Ângelo. Nessa viagem pude também fazer um teste para o Grupo Corpo em Belo Horizonte, onde dancei durante três anos. Descobrindo movimentos corporais diferentes, músicas originais, figurinos inovadores, entre outros aspectos que caracterizam as produções do Grupo Corpo, conheci múltiplas manifestações e representações artísticas brasileiras. Além disso, pude dançar em muitos lugares e países que não conhecia, o que, sem dúvida, ampliou a minha visão do mundo.

Quando voltei a Porto Rico em 1998, dei aulas de português na Universidade de Porto Rico e fundei a minha própria companhia de dança contemporânea: Andanza. Em colaboração com alguns amigos queridos, temos trabalhado arduamente desde então para manter um espaço de criação e trabalho permanente para artistas do nosso país. À procura de uma estética própria, há mais de uma década estamos apresentando numerosos espetáculos com coreografias, partituras e desenhos de artistas locais. As produções da Andanza têm incluído a participação de bailarinos, coreógrafos e compositores brasileiros. Algumas dessas peças têm se tornado ícones do nosso grupo. Simultaneamente, temos desenvolvido um trabalho ativo, educativo e sociocultural através da nossa escola e de nosso programa educativo junto aos setores marginalizados.

Sendo filha de um francês e de uma porto-riquenha, ambos escritores e professores de língua e literatura, a diversidade cultural, o compromisso social, a arte e a pedagogia têm estado presentes desde a minha infância. A influência familiar, somada a todas as minhas vivências, tem me ajudado a ver a arte e a educação como instrumentos de superação individual e coletiva e como mecanismos para a transformação social. Tanto com Andanza como com as minhas aulas de língua portuguesa, tenho tentado impulsionar o interesse pela arte e contribuir para sua democratização. Ao mesmo tempo, tenho tentado promover o contato com esse gigante do Sul que adoro e que é quase tão caribenho quanto o meu país.

Lolita Villanúa

Refletindo sobre a leitura

3-11. A dança inspira.

a. Qual o papel da cultura brasileira na carreira de Lolita Villanúa?

b. Os pais de Lolita tiveram algum impacto na vida profissional da filha?

c. Onde Lolita descobriu formas de lidar com problemas sociais através de sua arte?

3-12. A arte pela arte. Em seu depoimento sobre a dança, Lolita Villanúa afirma que é possível trabalhar com comunidades e tratar de problemas sociais através da arte. Encontre um exemplo desse tipo de trabalho no texto de Lolita. Junto com um/a colega imagine, pelo menos, dois tipos de intervenção que a dança pode fazer para lidar com problemas sociais. Em seguida, compartilhem os resultados com o resto da turma.

Para retomar o texto, entre Caderno de Produção.

No estúdio – Entrevista com Danielle

Aquecimento

3-13. Em geral, as pessoas que dançam profissionalmente fazem uma diferença entre os termos "bailarino/a" e "dançarino/a". Com um/a colega, tente pensar qual seria essa diferença. Em seguida, troquem ideias com o resto da turma.

Melodias da língua. Agora ouça a gravação.

3-14. Depois de ouvir o trecho da conversa entre Patricia e Danielle, ficou claro para você a diferença entre "bailarina" e "dançarina"? Comente com os/as colegas da turma.

Intervalo para a gramática (II)

Diferenças entre "mas", "mais" e "más"

Em português brasileiro, a tendência é pronunciar "mas" e "mais" da mesma maneira, ou seja, ambas são pronunciadas com o som "i" inserido entre o "a" e o "s". No entanto, os sentidos são bem diferentes.

"**Mas**" é uma conjunção adversativa, equivalendo a "porém", "contudo", "todavia", "entretanto".
Exemplo: Paula adora sambar, mas não dança muito bem.

"**Mais**" é um advérbio de intensidade, opondo-se normalmente a menos.
Exemplo: A Lolita já sabia muito sobre o Brasil, mas aprendeu ainda mais fazendo o seu doutorado.

"**Más**" é um adjetivo feminino, plural de má, contrário de boa.
Exemplo: O grupo de dança da minha cidade tem um excelente bailarino, porém más bailarinas.

Prática

3-15. Escolha a forma correta de mais / mas / más e depois responda à pergunta ou ao comentário usando uma das formas na sua resposta.

a. Quem sabe mais / mas / más sobre o universo?

____

b. Eu achei essas músicas muito mais / mas / más. E você?

____

c. Nós estamos com muita sede! Queremos mais / mas / más água! Será que tem?

____

____

d. Não gosto de pessoas fofoqueiras – elas têm mais / mas / más línguas.

____

____

e. Eu quero ir ao cinema, mais / mas / más só vou com você. Quer ir comigo?

____

____

f. Nós achamos que ele vai para Moçambique no mês que vem, mais / mas / más não sabemos ao certo.

____

____

g. Eu tenho mais / mas / más parentes em Portugal do que nos Estados Unidos. E você?

____

____

h. Ele quer falar com ela, mais / mas / más não sabe o que dizer. Você pode lhe dar alguma sugestão?

____

____

3-16. Relacione a coluna da direita com a da esquerda.

a. Minha filha é uma excelente bailarina, ( ) mais felizes.
b. Nossos antepassados eram ( ) mas ajuda muito.
c. Dinheiro não compra felicidade, ( ) serem tão más.
d. Não entendo a razão para essas moças ( ) más.
e. As formigas quando picam são tão ( ) mas precisa melhorar mais.

3-17. Escreva seis sentenças usando cada uma das formas mas/mais/más duas vezes.

a. ______________________________
b. ______________________________
c. ______________________________
d. ______________________________
e. ______________________________
f. ______________________________

Para saber e praticar mais? Consulte o Caderno de Produção.

Ler é viver através de outros olhares (II)

Aquecimento

3-18. Definições. Escolha a melhor definição para os termos relacionados abaixo.

a. ascendência
( ) descida com forte inclinação
( ) série de gerações anteriores a um indivíduo
( ) série de pessoas provenientes de um mesmo tronco

b. descendência
( ) subida com forte inclinação
( ) série de gerações posteriores a um indivíduo
( ) série de pessoas provenientes de um mesmo tronco

c. dirigir-se
( ) ir em direção a algo ou alguém
( ) manobrar carros
( ) centrar-se

d. alardear
( ) divulgar algo de maneira espalhafatosa
( ) colocar alarmes em imóveis
( ) colocar lareiras em imóveis

e. brincalhão
   ( ) pessoa que fabrica brinquedos
   ( ) pessoa alegre, que entretém, distrai
   ( ) pessoa briguenta

3-19. Pense nos diferentes estilos de dança que você conhece. Há estilos que estão ligados a diferentes classes sociais? Quais são?

3-20. A palavra "funk" não é de origem portuguesa. Qual é a origem da palavra? Você acha que o português é mais tolerante no uso de palavras estrangeiras do que outras línguas?

Do baile para o YouTube: o funk carioca

O "funk carioca" ou simplesmente "funk" surgiu nos anos setenta, tempos em que gêneros musicais afro-americanos tais como o *funk*, o *soul* e o *disco* tornaram-se populares entre jovens cariocas de ascendência africana. Equipes de som começaram a organizar festas, principalmente na periferia do Rio de Janeiro, com enormes quantidades de alto-falantes. A palavra "funk" passou a rotular qualquer tipo de música tocada nesses eventos, que, por sua vez, ficaram conhecidos como "bailes funk". O público "funkeiro" inspirava-se na música e no estilo que vinham dos Estados Unidos e tentavam copiar a moda e as coreografias que viam em capas de discos e nos filmes populares da época.

No fim dos anos oitenta, uma batida sincopada feita numa bateria digital torna-se o "som" preferido. Trata-se do *Miami bass* acompanhado por letras com forte conteúdo sexual. Nessa época, os DJs cariocas conseguiram obter recursos tecnológicos para produzir essa batida, fazendo com que o funk ganhasse mais espaço, pois surgiram as primeiras músicas feitas por brasileiros com letras em português. Os artistas, conhecidos como MCs, podiam cantar dirigindo-se diretamente ao público. As coreografias também mudaram para corresponder ao novo som. Desse modo, os bailes passaram a ter um teor mais sexualizado. As mulheres, por exemplo, começaram a usar roupas cada vez menores e os movimentos enfatizavam cada vez mais os quadris e as nádegas.

Em meados dos anos noventa, o funk cresceu com toda a força na periferia e nas favelas. Surgiu, então, uma vertente radical; o "corredor da morte". Durante o baile, em diversos momentos, formavam-se corredores humanos, ou seja, o público se dividia em dois e as pessoas paravam de dançar e agrediam-se fisicamente. A mídia alardeou o fenômeno do baile de corredor, que foi analisado pelos sociólogos como uma expressão da frustração dos marginalizados pela sociedade. Apesar da ampla cobertura da mídia, os bailes de corredor eram poucos. Na maioria deles, os funkeiros dançavam sem violência.

 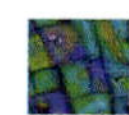

O funk ganhou popularidade nacional, particularmente com o pancadão *Rap da felicidade,* dos MCs Cidinho e Doca. O funk chegou à televisão, com programas em que os artistas cantavam ao vivo, acompanhados por dançarinas. Coreografias simples tornaram-se parte da apresentação do funk na televisão e também nos grandes shows com equipes de som maiores. O crescimento do tamborzão, uma nova batida do final dos anos noventa, também fez com que o estilo de dança mudasse e se tornasse mais variado, uma vez que o tamborzão e seus desdobramentos têm mais variação do que a batida mais básica ao estilo do *Miami bass.*

Hoje em dia, no nível mais comercial as coreografias do funk continuam com dançarinos/as usando pouca roupa (sejam homens ou mulheres). Mas no nível popular dos funkeiros que frequentam os bailes funk, a dança é um negócio entre amigos ao mesmo tempo sexualizado e brincalhão. Às vezes, homens e mulheres dançam separados, como na "dança da bunda" (uma fila de mulheres abaixa as nádegas) ou no "trenzinho" (uma fila de homens passeia pela pista de dança). Existem coreografias novas preparadas para mostrar no baile, interpretações de coreografias populares na televisão ou ainda coreografias inspiradas nas letras das músicas.

Por exemplo, em 2008, a *Dança do créu*, do MC créu, fez um sucesso estrondoso em todo o Brasil através do YouTube. Brasileiros de diferentes níveis sócioeconômicos, raças e origens étnicas se filmaram seguindo as instruções do MC. Isso é uma prova simples de que o funk é, por excelência, cultura popular. Apesar das críticas na mídia que dizem que a música e as coreografias são vulgares, é importante lembrar que há um século outra música/dança que surgiu nas favelas foi criticada do mesmo modo pela classe média. O nome dessa música/dança? Samba.

Gregory Scruggs

Refletindo sobre a leitura

3-21. Compare o funk americano com o funk brasileiro. Quais são as semelhanças? E as diferenças?

3-22. O que foi a Política da Boa Vizinhança? Pesquise.

3-23. O autor do texto comenta que o samba também foi criticado no século passado. Uma das figuras máximas do samba no seu início foi Carmen Miranda. Faça uma pequena pesquisa para saber quem foi Carmen Miranda, quais foram suas origens, e o que ela significou culturalmente e politicamente durante sua vida. Qual é a relação de Carmen Miranda com a Política da Boa Vizinhança, sobre a qual você já pesquisou?

3-24. Encontre e comente a letra da música *Disseram que eu voltei americanizada.*

3-25. Encontre e comente a letra da música o *Rap da felicidade*.

A vida em arte

3-26. Entreviste um/a colega e depois conte o que descobriu para o resto da turma.

a. A escultura de bailarinos na foto abaixo lhe diz algo?

b. Muitos dizem que a dança é a arte mais efêmera de todas. Você acha que a tecnologia tem tido ou virá a ter algum papel para mudar essa percepção?

c. A dança é claramente uma das artes que mais exigem do corpo. Quais seriam os impactos dessa limitação na vida dos bailarinos?

Intervalo para a gramática (III)

O mais-que-perfeito

O mais-que-perfeito ajuda a ordenar cronologicamente fatos ocorridos no passado. Para tanto, insere um "passado mais anterior" dentro de uma narrativa que conta episódios ocorridos no passado:

Ontem encontrei uma menina que <u>tinha conhecido</u> quando fazia aulas de capoeira.

Na modalidade oral é muito comum que falantes nativos eliminem o "mais-que-perfeito", usando o "pretérito perfeito" em seu lugar. Portanto, a situação acima seria expressa da seguinte maneira:

Ontem encontrei uma menina que <u>conheci</u> quando fazia aulas de capoeira.

Existem três formas do "mais-que-perfeito", que são usadas de acordo com o contexto. Em situações cotidianas, os falantes tendem a utilizar o verbo "ter" no imperfeito + o particípio passado do verbo principal. Em

situações bastante formais ou textos escritos, utiliza-se ocasionalmente o verbo "haver" no lugar do verbo "ter". Finalmente, a forma sintética do mais-que-perfeito (radical da terceira pessoal do plural do pretérito do indicativo + as terminações **-a**; **-as**; -**a**; **-amos**; **-am**) é quase que exclusivamente utilizada na escrita.

Situação da vida cotidiana: Na semana passada, joguei capoeira como nunca <u>tinha jogado</u>!

Situação mais formal: Hoje vamos continuar com o tema que começamos na semana passada, mas sobre o qual vocês já <u>haviam feito</u> várias leituras.

Escrita bastante formal: A polícia <u>reprimiu</u> o funk nos anos noventa, assim como <u>reprimira</u> o samba e a capoeira no passado.

Prática

3-27. Relacione a coluna da direita com a da esquerda.

a.	Nunca tinha ido a um baile funk até que,	( ) desse tipo de baile, mas mais do que gostar, adorei.
b.	Nós havíamos visto muitos espetáculos	( ) em 2011, me armei de coragem e fui a um e amei!
c.	Eu já tinha sido aceito/a em uma	( ) excelentes, mas o de ontem foi especial.
d.	Nunca havia pensando que gostaria	( ) excelente universidade, mas já tinha aceitado outra oferta.

3-28. Entreviste um/a colega e pergunte o que ele/ela já tinha feito e o que ainda não tinha feito antes de ingressar na universidade.

3-29. Você está se preparando para um espetáculo de dança nos dias 15, 16 e17 de dezembro. Indique, usando o mais-que-perfeito, o que você e/ ou a sua companhia de dança já tinha(m) feito até o dia 10 de dezembro e o que ainda não tinha acontecido. Alterne entre o singular e o plural.

Exemplos: Eu já tinha ensaiado minha parte várias vezes, mas ainda não tinha a roupa para o espetáculo.

a. ______________________________
b. ______________________________
c. ______________________________
d. ______________________________
e. ______________________________
f. ______________________________
g. ______________________________
h. ______________________________

Para saber e praticar mais? Consulte o Caderno de Produção.

Ler é viver através de outros olhares (III)

Aquecimento

3-30. Definições. Relacione a coluna da direita com a da esquerda.

_____ mato	a. comentários geralmente distorcidos sobre fatos e sobre a vida alheia
_____ rasteiro	b. salientar, ressaltar
_____ tráfico	c. próximo ao chão
_____ tráfego	d. pequenas plantas, árvores e arbustos
_____ enfatizar	e. negócio ou comércio ilícito
_____ fofoca	f. fluxo de pessoas, ideias, mercadorias, veículos

3-31. Usando as perguntas abaixo como guia, conte ao seu/sua colega o que você fazia quando era criança.

Quando era criança/jovem, você andava pelas ruas do seu bairro? Você brincava nas ruas e se encontrava com os amigos para conversar, jogar bola ou tocar música?

3-32. Você tem algum apelido? Caso tenha, você poderia nos contar como ele surgiu?

3-33. Pense em duas danças que estejam relacionadas a determinadas culturas. Identifique as culturas e faça um minirresumo da história daquelas danças.

 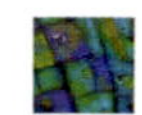

Capoeirando....

Lembro bem da primeira vez que vi a capoeira. Minha família tinha se mudado do Centro de Salvador para o Parque São Braz, um conjunto residencial no bairro da Federação. A vida no Centro era muito limitada. Morávamos em um apartamento bem pequeno na área comercial da Avenida Sete de Setembro, região ainda hoje de tráfego intenso. O edifício ficava colado ao Colón, estabelecimento meio padaria e meio bar onde se reuniam aposentados de dia e bêbados à noite. Todos homens. Quando não estávamos na escola ou no sobrado de minha avó, na Rua da Gamboa, também no Centro, meus irmãos e eu quase sempre ficávamos em casa. Apesar de ter vivido por sete anos na Avenida Sete, foi na Federação que fui apresentado à rua. Mas não aquela por onde caminhava com a babá para ir ao Colégio Dois de Julho nos tempos do Centro. Conheci uma rua diferente, palco de folguedos diversos e ritos de passagem para as crianças. Era na rua que os adolescentes aprendiam a tocar instrumentos musicais, davam seus primeiros beijos e conversavam sobre o que não se podia falar em casa como sexo e ditadura militar. Já os mais velhos habitavam as ruas com fofocas, frustrações e esporádicas tentativas filosóficas. A rua era também o local do futebol, do qual todos participavam, das Festas Juninas, das celebrações natalinas e da capoeira.

Eu fui uma criança muito tímida. Me escondia quando meus pais recebiam visitas. Nunca fui de muitos amigos. Porque estudava muito, cedo me tornei vítima de certas brincadeiras de mau gosto e alguns abusos. Não sabia me defender. Assim que chegamos no São Braz um amigo de meu pai lhe recomendou que me levasse à capoeira. Toda sexta-feira acontecia uma roda de capoeira na frente do Conjunto XVI. O jogo já tinha começado quando meu pai, meu irmão e eu chegamos. A música pulsante, o bailar criativo e rápido dos corpos, o ritual de alegria e o diálogo entre defesa e ataque contagiavam a todos ali, e não foi diferente conosco. A capoeira era uma demonstração de liberdade, como era, para mim, viver naquele Parque. Reconheci na roda alguns dos meus novos amigos, que acenaram surpresos com a nossa presença. Encontrei Paulo Palito, Marquinhos Grauça, Cacá Duende, Adriana Espaghetti, Tatu e Orelha, este último aluno da escola que Mestre Bimba fundou no começo da década de 30. Bimba foi o fundador da capoeira regional, que é um estilo mais atlético, com movimentos de outras artes marciais, e que é agora praticado por mais pessoas.

Descobri que os apelidos de meus amigos vinham da capoeira. "No passado", disse meu pai, "esse jogo da capoeira era proibido". Me contou que foram os escravos fugidos que o inventaram como uma forma de defesa contra os seus senhores. Muitos capoeiras foram perseguidos pela polícia por serem considerados violentos ou apenas por preconceito. Daí o apelido. Ficava mais difícil para a polícia encontrá-los. Apesar de toda a perseguição, a capoeira resistiu. A luta se disfarçou em dança, transformou-se em jogo e virou esporte. Por isso meu pai dizia que todo capoeira era um homem forte. "É forte também porque sabe usar a mente para controlar o corpo", completava. Naquela noite aprendi também que "capoeira" era uma palavra indígena que significava "mato rasteiro", que era onde os escravos a praticavam no passado.

Tive aulas de capoeira durante quase um ano depois daquele dia. Meu irmão, sempre mais atlético do que eu, passou mais uns quatro anos por lá. Recebeu o apelido de "Gargamel" porque era bem agressivo nas rodas. Não ganhei um apelido, mas realmente me senti mais forte. Sempre que ouvia o som do berimbau pensava em recomeçar as aulas, mas nunca tinha tempo. Quando fui morar nos Estados Unidos, fiquei surpreso ao ver americanos treinando movimentos de capoeira. Vi rodas de rua em Boston, Nova York e Chicago. Em um dos meus muitos retornos a Salvador encontrei capoeiristas italianos, gregos, israelitas e japoneses. A nossa arte brasileira tinha se globalizado! Eu soube que Duende era mestre e dava aulas na Alemanha. Espaguetti ensinava capoeira em Portugal e Orelha, também mestre, liderava um grupo em Roma. Voltei a treinar capoeira nos Estados Unidos. Meu corpo não tinha mais a agilidade de quando era criança, mas rapidamente se adequou aos movimentos. Descobri que a capoeira tinha também um lado filosófico. A roda, por exemplo, representa o mundo; a queda, os tropeços que levamos na vida, e a ginga, uma forma criativa de viver, lidando com os altos e baixos do dia a dia. As músicas vão muito além de proporcionar diversão. Descrevem o jogo, celebram a resistência e a ancestralidade afrobrasileira e comentam a vida. A capoeira Angola, que ressurgiu com força total recentemente, enfatiza muito esta dimensão filosófica. Transmitindo os fundamentos de velhos mestres como Pastinha, geralmente os angoleiros lutam pela preservação da tradição e da identidade cultural histórica e ancestral da capoeira, que alguns consideram em perigo em tempos de globalização. Outro aspecto importante para mim hoje é a camaradagem, o sentido de amizade, respeito e família que se desenvolve dentro da capoeiragem.

Quero continuar jogando capoeira até ficar bem velho. Tenho até um apelido agora, mas isso vou deixar pra outra vez. Axé, camará!

Antônio Luciano Tosta

 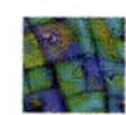

3-34. Para o Luciano, a capoeira foi uma espécie de salvação durante sua infância e adolescência. Por quê? E você? Já participou de algum grupo ou atividade que o/a ajudou quando era mais jovem? Comente.

3-35. Com o/a colega imagine apelidos para o Luciano.

3-36. Quais são os significados de "roda" apontados no texto?

3-37. Procure no dicionário o sentido de "camaradagem" e depois compare com o dado no texto. Trata-se da mesma coisa?

Para retomar o texto, entre no Caderno de Produção.

Dando voltas às palavras

3-38. Consulte novamente o vocabulário das leituras I, II, III e do áudio. Escolha no mínimo cinco palavras ou expressões e construa suas próprias frases.

____

____

____

____

____

____

____

____

Cenários

3-39. Vocês têm de criar o cenário para várias danças diferentes. Em primeiro lugar, o balé clássico *O cisne negro*, e também o cenário para uma dança do grupo O Corpo. Definam primeiro a narrativa do balé e depois a cenografia. O que vão colocar no cenário?

3-40. Traga uma fotografia de um/a bailarino/a. Explique a razão pela qual essa pessoa chamou sua atenção. Não precisa ser uma pessoa reconhecida internacionalmente.

3-41. Crie uma pequena narrativa em que a personagem principal só pode se comunicar por meio de movimentos corporais. Cada movimento deve corresponder a algo que se quer comunicar. Leia a história desses movimentos para o resto da turma (ou, quem sabe, demonstre!). Todos deverão tentar adivinhar quais são as "falas" do corpo.

Debates

3-42. Metade da turma vai defender que a dança não deve ter um papel social. Deve ser apenas apreciada por seu valor intrínseco. A outra metade vai contra essa ideia. Não se esqueça de rever a Unidade 1, em que apresentamos as expressões usadas em debates e a organização dos mesmos.

3-43. O corpo fala? A dança pode ser vista como um veículo muito poderoso. Podemos dizer que o corpo fala através dos movimentos. Escolha uma dança, por exemplo balé clássico, jazz, sapateado, forró, funk, ou maracatu, e indique qual é o vocabulário do corpo para cada uma dessas danças.

Portfólio

3-44. Coloque a fotografia da pessoa que você escolheu para a atividade "cenários" no seu portfólio. Escreva uma narrativa explicando as razões pelas quais esse/a bailarino/a chamou sua atenção. Anexe a fotografia ao texto e coloque tudo no seu portfólio.

Unidade **4**

Música: ao ritmo da língua

Imagem: Patricia Sobral.

Primeiros acordes

4-1. **Associando palavras e pensamentos.** Escreva todas as palavras que lhe vêm à mente ao ouvir a palavra "música". Compare suas notas com as de um/a colega e depois compartilhem os resultados com a turma.

___

___

___

Qual é o impacto da música?

"A música é um fator fundamental na cultura brasileira. Inclusive é um dos veículos de difusão da cultura brasileira no mundo."

~Newton Gmurczyk,
músico

"Lura parecia reforçar, sílaba por sílaba, a legitimidade da existência cabo-verdiana enquanto povo dono de seu próprio idioma e de uma identidade diversificada."

~Dário Borim,
professor universitário e radialista

"No Brasil, as pessoas aceitam bem as mulheres cantando rock. Às vezes alguns músicos as discriminam."

~Mara Verônika,
roqueira brasileira

"Em geral, o público brasileiro aprecia a mescla da música antiga europeia com a música brasileira de tradição oral."

~Isa Taube,
cantora popular de
formação erudita

4-2. **Declarações sobre a música.** Assinale, ao lado dos nomes dos autores das frases citadas anteriormente, o quanto você concorda ou não com elas. Atribua notas de 1 a 4, sendo (1) Identifico-me totalmente e (4) Identifico-me muito pouco.

( ) Newton

( ) Dário Borim

( ) Mara Verônika

( ) Isa Taube

4-3. **Trocando ideias.** Em duplas, discutam as escolhas que vocês fizeram no exercício anterior. Em seguida, façam um resumo da discussão que tiveram para toda a turma. De preferência, fale sobre seu/sua colega e vice-versa.

4-4. **Momento biográfico**

a. Quais são os gêneros musicais apreciados em seu país? O que a música significa para você e para o seu país?
b. Existem diversos gêneros musicais – jazz, samba, hip-hop, música clássica, fado, reggae etc. Quais são seus prediletos?
c. Quem são seus músicos preferidos? Por que você os aprecia? Por causa da letra da canção? Ou por causa da melodia?
d. Há algum instrumento em particular que o/a encanta? Qual é?
e. Há músicas que certamente marcam a nossa vida. Escolha duas músicas que o/a marcaram e comente por quê.
f. Há alguma música em português que o/a encanta? Qual é a música? Por que ela é importante para você?

4-5. **Participação especial**

a. Vamos estudar uma música de José Miguel Wisnik intitulada *Assum branco*. Procure na internet a letra dessa música. Assum é uma ave de cor preta também conhecida como melro, graúna ou simplesmente pássaro-preto. Levante hipóteses sobre o motivo de Wisnik ter trocado a palavra "preto" por"branco" no título da música.
b. A canção de Wisnik faz alusão a dois clássicos do repertório nordestino, *Assum preto* e *Asa branca*. Procure na internet as letras dessas duas músicas e faça uma comparação entre elas.
c. Ao analisarmos a obra de Luiz Gonzaga, constatamos que a temática do Nordeste e de seu povo está quase sempre presente. Você conhece outros músicos nordestinos?
d. Você conhece o nome de outras aves em português? Caso conheça, quais são os nomes das aves?
e. Identifique as palavras da música que rimam. Escreva frases com essas palavras.
f. Há alguma música que o/a faça lembrar de ou pensar em alguém em particular, um lugar específico ou algo que aconteceu? Identifique a música e descreva qual é o acontecimento/pessoa e/ou lugar.
g. O que é o Sertão? Onde se encontra o Sertão?

Intervalo para a gramática (I)

O subjuntivo

O subjuntivo indica que uma ação ou um estado depende de uma outra ação ou estado. Indica ainda uma tensão psicológica (vontade, sentimento) ou a subjetividade (dúvida, incerteza).

Presente do subjuntivo

O presente do subjuntivo é utilizado em contextos relacionados tanto ao presente quanto ao futuro:

É pena que a música do mundo lusófono não seja ainda muito conhecida nos Estados Unidos.

Talvez eu vá ao concerto da famosa fadista Mariza.

Há palavras e expressões que comumente desencadeiam o presente do subjuntivo. Algumas delas são: talvez, pode ser que, é possível que, é bom que, é pena que. Curiosamente, "eu acho que" não desencadeia o subjuntivo, enquanto "eu não acho que" tem essa função.

Formas

Para formar o presente do subjuntivo, use a primeira pessoa do singular (eu) do presente do indicativo, tire a letra "o" do final do verbo e coloque as terminações que seguem na tabela para os verbos em -ar, -er e -ir.

Verbos terminados em **-ar**, muda-se o **a** para **e**	Verbos terminados em **-er** e **-ir**, muda-se o **e** e o **i** para **a**

Formas irregulares

Formas irregulares
ser – estar – ir – dar – saber – haver – querer

Prática

4-6. Andando em círculos. Circule pela sala de aula e encontre alguém que:

a. adore música popular brasileira.

b. acredite que a música angolana tem algo a ver com a música brasileira.

c. talvez vá a um restaurante português ouvir fado.

d. não saiba nada sobre música brasileira.

e. faça questão de sempre assistir shows ao vivo.

4-7. Você e seus amigos vão a um show dos Doces Bárbaros (banda composta por Gil, Maria Bethânia, Caetano e Gal nos anos 80). Usando oito (8) verbos no presente do subjuntivo, descreva quais são suas expectativas em relação ao show.

Exemplos: A gente espera que a acústica seja boa.
Nós esperamos que a acústica seja boa.

1. ______________________
2. ______________________
3. ______________________
4. ______________________
5. ______________________
6. ______________________
7. ______________________
8. ______________________

Para saber e praticar mais? Consulte o Caderno de Produção

4-8. Quais são as funções da música? A música tem funções diferentes nas diferentes sociedades. Podemos classificar essas funções de várias maneiras. Junto com um/a colega, tente lembrar-se de outras funções da música e preencha com exemplos o resto da tabela. Finalmente, comparem suas notas com as dos demais colegas:

Função	**cênica ou performática**	**social**	**religiosa**	________	________
Exemplos	Ópera ________ ________ ________	Seresta ________ ________ ________	Hinos religiosos ________ ________ ________	________ ________ ________ ________	________ ________ ________ ________

 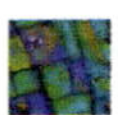

Ler é viver através de outros olhares (I)

Aquecimento

4-9. Definições. Relacione a coluna da direita com a da esquerda.

a. âmago	( ) estabelecimento comercial onde servem bebidas alcoólicas, refrigerantes, café, petiscos e lanches
b. estirpe	( ) o centro, o meio de qualquer coisa
c. patrício	( ) tronco, linhagem, origem, ascendência e casta
d. boteco	( ) canção popular portuguesa
e. fado	( ) conterrâneo, compatriota

4-10. Preencha as lacunas com a palavra ou expressão adequada.

a. A sala de concerto estava muito cheia e a ________________, animada.
( ) audiência ( ) plateia ( ) tripulação ( ) manipulação

b. A peça tinha um tom _____________, apesar da seriedade do tema.
( ) amarelo ( ) dégradé ( ) demográfico ( ) lúdico

c. Os _____________ da peça estavam muito caros, mas como adoramos esse grupo, decidimos ir.
( ) assentos ( ) cartazes ( ) ingressos ( ) documentos

d. Jorge é ator e passa a vida no _________________________.
( ) palco ( ) saguão ( ) estágio ( ) porão

4-11. Você conhece cantores/as do mundo lusófono? Quem são? Você tem algum CD de um/a cantor lusófono/a?

4-12. Diz-se que a língua é algo que une as pessoas de um país e/ou que compartilha uma cultura. Você concorda com esta afirmação? Que outros elementos uniriam os povos?

Estrelas luso-afro-brasileiras[1]

O teatro Zeiterion não é mais o mesmo. Desculpem-me pela falta de modéstia, mas depois de quatro eventos ali protagonizados por estrelas do mundo lusófono, até as paredes do distinto centro artístico já conhecem melhor a nossa cultura musical e a nossa alma. Em menos de dois anos, fomos contemplados

1. Nota das autoras: Segundo o novo acordo ortográfico deveria ser "luso-afrobrasileiras." No entanto, está separado justamente para mostrar as três origens das cantoras.

com os exuberantes concertos de Dulce Pontes, Gilberto Gil, Lura e, no último fim de semana, a grande fadista dos nossos tempos, Mariza. Alguns aspectos se destacaram nesses espetáculos: o alcance e maleabilidade das vozes, além da simpatia e leveza performáticas de cada artista. Uma sedutora e acrobática Dulce Pontes, por exemplo, dançou e simulou emoções com seu corpo ágil e redobrável de cantora-bailarina. Gilberto Gil, com sua poesia sutil e filosoficamente precisa naquele que foi seu único show em toda a Nova Inglaterra, não apenas pareceu atingir o âmago do ser etéreo e sonhador de cada um dos presentes. Ele também se fez de maestro para que milhares de pessoas criassem o que talvez nunca tivessem nem mesmo tentado na vida: um lúdico e inacreditável falsete. Vi muita gente chorando, de êxtase e pele arrepiada. Ou era de orgulho, por saber que um artista brasileiro da estirpe de Gil ali estava e cantava, carne e osso, como se estivesse numa roda de samba no boteco da esquina, ou numa reunião de família, no fundo do quintal. Sim, era Gil, o mesmo dos nossos sonhos e paixões dos anos 60, 70, 80 e 90, que prosseguia viagem pelo século XXI esbanjando saúde, bom-humor, otimismo e muito lirismo. Com seus longos cabelos trançados e amarrados atrás, ele vestia bata e calças de algodão branco – mais parecia um anjo afro ou, talvez, um filho de Ghandi, um bloco de Carnaval de Salvador. Lura chegou ao palco do Zeiterion exalando energia criadora, encantando-nos em crioulo cabo-verdiano, inglês e português. Entre os quatro artistas do mundo lusófono, foi ela quem atraiu o público mais jovem àquela casa de espetáculos. Lura é muito lírica também, e seu charme ao evocar múltiplas tradições e dramas cotidianos de Cabo Verde levava-nos a um animado passeio pelas ilhas do seu país. Quando dialogava com a plateia em cabo-verdiano, Lura parecia reforçar, sílaba por sílaba, a legitimidade da existência cabo-verdiana enquanto povo dono de seu próprio idioma e de uma identidade diversificada, entre nativos e estrangeiros, por exemplo, ou habitantes de Santiago e São Nicolau. Mariza fechou com chave de ouro essa sequência de espetáculos luso-afro-brasileiros. Nascida em Moçambique, filha de mãe africana e pai europeu, essa estrela de 33 anos deixou lembranças indeléveis na mente de todos os que tiveram o privilégio de poder comprar seus (caros) ingressos. Foi capaz de entreter os amantes do fado tradicional sem se conter no improviso e na liberdade que sua voz potente e pluritonal lhe proporcionava. Ela, que já morou no Brasil alguns anos, que já se expôs profundamente às inovações vocais e rítmicas do gospel, blues e jazz norte-americanos, e que já descobriu o borbulhar inspirador das suas raízes africanas, reiterou duas ou três vezes, em conversa com os seus ouvintes, a sua ligação visceral com Portugal, um Portugal popular, dos bairros da Mouraria e Alfama. Metaforicamente, Mariza aludiu à dupla semântica do termo "fado": "gênero musical" e "destino". Ela, por assim dizer, fez glosa do fado do seu fado, isto é, do seu destino enquanto cantora de fado, e, também, do próprio fado enquanto música do seu destino. Esse tal destino lhe empurrou o fado quando ela morava no Brasil e ainda nem sonhava em ser fadista, apesar de ter sido criada desde os três anos em ambiente de taverna, quando seu próprio pai possuía uma dessas casas na área mais boêmia de Lisboa. Finalmente, parece-me de

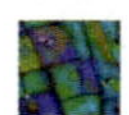

suma importância que Mariza faça seu fado como o faz, eletrizando os corações dos patrícios sem deixar de reiterar a origem transcontinental do seu talento ou a identidade multirracial do seu ser. Saravá, Mariza!

Dário Borim Jr.

Refletindo sobre a leitura

4-13. Quais são as raízes de cada um dos cantores que se apresentaram no Zeiterion?

4-14. Agora, preencha o quadro abaixo com a descrição de cada artista.

Dulce Pontes	Lura	Gilberto Gil	Mariza

4-15. Qual dos quatro artistas mais desperta o seu interesse? Por quê? Você já ouviu algum deles? Já foi a um show deles/as?

Para retomar o texto, entre no Caderno de Produção.

No estúdio – Entrevista com Newton

Aquecimento

4-16. Procure em um dicionário o sentido das quatro palavras/expressões abaixo e escreva frases originais usando cada uma delas.

Bairrista

___

Em detrimento de

___

Túmulo

___

Ufanista

___

Melodias da língua. Agora ouça a gravação.

4-17. Verdadeiro ou falso?

( ) Segundo Newton, o samba é exclusivamente carioca.

( ) Clémence pergunta se São Paulo é o "túmulo do samba".

( ) Vinícius de Moraes teria dito que São Paulo é o "túmulo do samba".

( ) Newton diz que o samba vem da Bahia.

( ) Há samba no interior do estado de São Paulo, mas não na capital.

4-18. Newton fala sobre três estados do Brasil. Quais são eles?

Intervalo para a gramática (II)

Pronomes pessoais dos casos reto e oblíquo

No Brasil, o uso dos pronomes pessoais é problemático. Uma das grandes questões é que o português do Brasil subverteu o sistema pronominal, tornando-se bastante diferente do sistema europeu. Há uma diferença significativa entre o português padrão e o coloquial. Este livro vai mostrar essas diferenças, mas a prática vai ser baseada no português padrão. No Brasil, tanto na fala quanto na escrita, o pronome "vós" (plural de "tu") está caindo em desuso. Em Portugal, porém, ainda é bastante comum. Trataremos dessas questões mais detalhadamente no Caderno de Produção. Agora, passemos a analisar os dois quadros abaixo.

Gramática prescritiva/normativa: Brasil e Portugal

Sujeito	Objeto direto	Objeto indireto
Eu	me	me
Tu	te	te
Ele/Ela/Você	a, o [lo(s), la(s), no(s), na(s)]	lhe
Nós	nos	nos
Eles/Elas/Vocês	os, as [lo(s), la(s), no(s), na(s)]	lhes

Gramática descritiva: o sistema pronominal usado no Brasil na fala/escrita não monitoradas.

Sujeito	Objeto direto/indireto
Eu	me
Tu	te
Você	te ~ você
Ele/Ela	ele, ela
Nós	nos
Vocês	vocês
Eles/Elas	eles, elas

- Observamos que na variante falada do português brasileiro os mesmos pronomes são empregados tanto para o objeto direto quanto para o indireto.
- Outra observação importante é o uso de "você" e de "te". Na variante brasileira, "você" é empregado como se fosse um objeto direto/indireto. Consequentemente, tende a ser colocado após o verbo:

  O maestro conhece você.

- No caso de "te", este passa a funcionar como um clítico para exprimir tanto o objeto direto quanto o indireto, mas nunca vem antecedido por preposição. Como é átono, provoca mudanças na colocação pronominal. O exemplo acima ficaria:

  O maestro te conhece.

- Finalmente, "o/a" bem como seus plurais "os/as" ocorrem cada vez mais apenas na escrita monitorada. Na fala não monitorada, vêm sendo substituídos por "ele/ela" e seus plurais "eles"/"elas":

  O maestro conhece todos os músicos da orquestra?
  Sim, ele os conhece. (escrita e fala monitoradas)
  Sim, ele conhece eles. (fala e escrita não monitoradas)

De O, A, OS, AS para LO, LA, LOS, LAS e NO, NA, NOS, AS.

Em certos contextos linguísticos, "a/o" e seu plurais transformam-se em "lo/la" e seus plurais. Ainda em outros ambientes, a mudança é para "no/na" e seus plurais.

Caso "a/o" e seus plurais ocorram depois do infinitivo ou de terminações verbais em -R, -S ou –Z, a consoante final é eliminada e em seu lugar a consoante "L" aparece, como nos exemplos abaixo:

Você precisa memorizar essa partitura?

Sim, preciso memorizá-la.

Você precisa ter sempre dinheiro no banco.

Sim, concordo. Preciso sempre tê-lo para uma situação de emergência.

Laura: Fernando, você vai abrir os portões para deixar o público entrar?

Fernando: Claro que vou abri-los.

Patricia e Dudu: Vocês já compraram os ingressos do show?

Arlete e Anete: Sim, compramo-los com prazer.

Priscila: A Mariana faz tortas bem.

Camila: Fá-las muito bem.

Caso "a/o" e seus plurais ocorram após formas verbais terminadas em nasais (-m, -ão, -õe, -ões, -õem), os pronomes passam a ser "no," "na", "nos", "nas".

Colocação dos pronomes pessoais dos casos reto e oblíquo

Na língua falada não monitorada as variantes brasileiras e a europeia apresentam diferenças significativas no que diz respeito à colocação dos pronomes pessoais dos casos reto e oblíquo.

Me dá um violino de presente, papai? (fala e escrita não monitoradas).
Dê-me um violino de presente, papai! (fala e escrita monitoradas)

No Brasil, é mais comum colocar os clíticos antes do verbo, ao passo que em Portugal acontece o oposto; a tendência é colocá-los depois do verbo. Há ainda um fenômeno raro conhecido como mesóclise, que basicamente corta o verbo em dois e coloca o pronome no meio:

Dar-lhe-ei um lindo piano de concerto. (Raríssimo na escrita em português do Brasil e quase inexistente na fala; usado em determinados casos em português europeu nas duas modalidades.)

Prática

4-19. Andando em círculos. Transforme as instruções abaixo em perguntas e depois as use para fazer perguntas para os/as colegas. Lembre-se de utilizar pronomes pessoais dos casos reto e oblíquo nas respostas.

Exemplo: Você vai ver o Caetano Veloso no Carnegie Hall.
Pergunta: Você vai ver o Caetano Veloso no Carnegie Hall?
Resposta: Vou sim. Quero muito vê-lo.

a. dizer que só canta no chuveiro
b. quer ver o Jorge Benjor cantar
c. tocar piano
d. telefonar para os pais enquanto ouve música
e. chamar os/as amigos/as para ouvir música clássica ao vivo
f. conhecer a cantora portuguesa de fados/a fadista Mariza

4-20. Responda às seguintes perguntas usando os pronomes pessoais dos casos reto e oblíquo:

a. Você ouve a música da Marisa Monte?
b. Você já ouviu o fado ao vivo?
c. Vocês deram de presente um CD de música cabo-verdiana para um dos seus amigos?
d. Vocês vão comprar o novo CD do Madredeus?
e. Será que ele comprou o ingresso para o show do Chico Buarque?
f. Você comprou um ingresso para o seu amigo?
g. Será que Jorge telefonou para a Soraia?
h. Vocês compraram as camisas/camisetas do nosso conjunto de música preferido?

Para saber e praticar mais? Consulte o Caderno de Produção.

4-21. Faça uma pesquisa na internet e encontre o poema *Pronominais*, de Oswald de Andrade. Coloque os pronomes no padrão culto escrito.

Ler é viver através de outros olhares (II)

Aquecimento

4-22. Encontre sinônimos para as palavras da coluna da esquerda na coluna da direita.

a.	finda	( ) mas, porém, todavia, entretanto, no entanto, não obstante
b.	doido	( ) terminada, acabada
c.	contudo	( ) explodir
d.	trecho	( ) passagem, excerto
e.	estalar	( ) parar, acabar, terminar
f.	cessar	( ) louco, maluco

4-23. Preencha as lacunas com a palavra ou expressão adequada. Atenção: há palavras a mais! E não se esqueça de conjugar os verbos conforme necessário.

rumar – entoar – temer – brotar – zanzar – esgotar – perante – criado-mudo – armazenar – minguar – enlaçar – cessar

A música finalmente ________________ às duas da manhã. Violeta suspirou aliviada. Com a música tocando ininterruptamente, estava quase chegando a ponto de ________________ os poucos neurônios que ainda lhe sobravam na cabeça perturbada. Ela estava tentando ________________ as energias para enfrentar o trabalho no dia seguinte, mas elas só ________________. Pegou um vidro de aspirina em cima do ________________ para que a enxaqueca não ________________ como de costume. Em seguida, ________________ para o quarto depois de muito ________________ pela casa e atirou-se na cama ________________ o travesseiro num abraço exausto.

4-24. Observe a lista de palavras das duas colunas no primeiro exercício de aquecimento e classifique-as como "mais" ou "menos" formais.

Mais formais	Sinônimos menos formais

 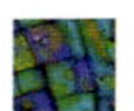

RÁDIO-CABEÇA

João gostava de ouvir música. Samba, rock, funk, choro, frevo, baião. . . . Sendo canção, era com ele. Por isso ganhou de aniversário um desses aparelhos de bolso em que se armazena e reproduz música. E passou a ouvir canções em moto-contínuo, qual sempre sonhara.

A princípio contava apenas com as canções de sua modesta discoteca. Clicava no modo "aleatório" e se deliciava com as montagens que o acaso lhe oferecia. O aparelho garantia um grande número de sequências, conferindo sentido novo às canções em cada momento que elas apareciam.

Em pouco tempo a rede de associações se potencializou de forma radical, pois João andou de amigo em amigo, de discoteca em discoteca, até esgotar a memória da máquina. Ora, a memória desses aparelhos, dizem, é um imenso armazém. E João poderia, se quisesse, ouvir sequências que, inusitadas ao máximo, tornariam cada canção um evento sempre novo.

Imagino, porêm, que ele não quisesse se desfazer totalmente das repetições, uma vez que, poesia pra tocar no rádio, as canções também são feitas para se guardar.

E quando ganhou a prodigiosa maquininha de bolso, João mudou. Radicalmente. "Ficou surdo", diziam. Aos pés do ouvido constantemente plugado, minguavam mesmo as insistentes tentativas de comunicação. Gritar, fazer gestos ou mesmo falar em câmara lenta para que ele lesse nos lábios o que tentavam lhe dizer: era como se ninguém estivesse em sua frente. João batia o pé no ritmo da canção ou, vez por outra, entoava, desafinado, o que se desdobrava em seus ouvidos.

A situação chegou no limite quando perceberam que João excluíra de sua rotina todas as atividades que ameaçassem o fluxo contínuo das canções. Não ia mais à faculdade, não assistia à TV, quase não tomava banho, não conversava. Não fazia quase nada além de ouvir canções.

Foi difícil para a família, mas passaram a considerar a possibilidade de interná-lo. Felizmente, isso nunca chegou a acontecer, pois João, sabe-se lá se por obra do acaso ou receio de que o pusessem numa camisa de força, voltara a fazer contato com o mundo ao redor, retomando, pouco a pouco, um ritmo normal de vida.

Ou quase isso. Pois ele continuava com as canções. O que mudou foi apenas o modo de usá-las. Na sala de aula, no bar, no cinema, baixava o volume a ponto de também poder ouvir o lado de fora e, assim, vivia sempre em dois mundos. O mundo de fora e o mundo de dentro muitas vezes sofriam interferências e João se via a responder a alguém do lado de fora as palavras que habitavam o lado de dentro.

Depois de um tempo, a história de João com as canções finalmente parecia entrar em declínio. Ao sair de casa, ele algumas vezes esquecia o aparelho em cima do criado-mudo e passou a usá-lo só de vez em quando, como a maioria dos ouvintes.

Ninguém parecia duvidar das transformações. E todos, sem exceção, passaram a comemorar "a cura" de João. Finda a tempestade, a vida se refazendo azul. . . .

Muito tempo se passou até que, um dia, o inusitado se deu. Tendo abandonado por completo o aparelho, objeto perdido no breu do esquecimento, João, sem estar conectado a máquina alguma, ouvia canções. Elas soavam fragmentadas, nítidas e em jorro contínuo dentro dele, dentro de sua rádio-cabeça.

João não disse nada a ninguém. Temia que, dessa vez, achassem que ele estava doido. Como as canções não o incomodavam, embora nunca cessassem, decidiu fingir que não as ouvia. Continuou a frequentar as aulas na faculdade, ir ao cinema, conversar com os amigos no bar e com a família na hora do jantar.

Mas com o tempo, tal como antes, deu de confundir as coisas. Exterior e interior, entrelaçados, convergiam. E muitas vezes surpreendeu-se a entoar o trecho de uma canção como resposta a alguém ou mesmo sozinho, num canto qualquer de casa ou da cidade.

A princípio, achavam graça. Pensavam que João estivesse apenas se valendo da memória das canções. Ele sabia, entretanto, que a maioria de suas intervenções eram involuntárias, ecos do que soava dentro de si. Até que o mundo de fora e o mundo de dentro acabaram por se confundir, fazendo com que ele não soubesse mais distinguir um do outro.

E então uma sensação estranha e duradoura entrou em cena: o mundo lhe aparecia sob forma de canção. Conversava com as pessoas e lhe restava sempre a impressão, nítida, de todos estarem entoando canções. E mais que isso até: tudo, à sua roda, virava canção. Não apenas palavras, mas também, por mais simples que fossem, os objetos. Um pedaço de pau, uma pedra, um copo vazio sobre a mesa de jantar. . . .

João sentiu fome, João sentiu sede, João sentiu medo. A fome, a sede e o medo viraram canções. João pensou em desistir de tudo e decidiu terminar de vez com aquela história. Foi até o edifício mais alto da cidade e se atirou do último andar.

Quando viu, voava leve, pluma no vento. Minutos depois, intacto sobrevivente, seus pés deslizavam em ritmo sereno sobre o chão da canção.

No caminho de casa, em seus ouvidos, uma felicidade sem rumo. E definitiva.

Guilherme Trielli Ribeiro

Refletindo sobre a leitura

4-25. Encontre os pronomes pessoais dos casos reto e oblíquo que aparecem no texto e copie a frase no quadro abaixo. Em seguida, transcreva o que o pronome está substituindo.

Objeto direto	Objeto indireto
Ex: ele o tomou. o = copo de suco	Ele lhe telefonou. lhe = para João

4-26. O que significa rádio-cabeça neste contexto? Que outro título você poderia dar?

4-27. João entrou de cabeça no mundo da tecnologia. O que isso pode nos dizer sobre a atração dessas novas tecnologias?

4-28. No início da história, João "se cura" temporariamente. Como ele se curou?

4-29. No seu texto clássico *A obra de arte na era de sua reprodutibilidade técnica*, Walter Benjamin discorre sobre o fato de que a obra de arte sempre foi reprodutível. Você pode estabelecer uma relação entre o texto acima e as ideias de Walter Benjamin?

4-30. Na história da literatura, muitas personagens enlouqueceram devido à leitura. Por exemplo, Dom Quixote, após tantas leituras de livros de cavalaria, passa a encarnar um cavaleiro. Madame Bovary, antes de envenenar-se, intoxicou-se com a leitura de obras românticas. Qual é a relação dessas afirmações com o texto que você acaba de ler?

4-31. Entre na internet e pesquise as seguintes palavras: pau, pedra e música. O que você encontra? Você acha que o autor usou essas palavras deliberadamente? Comente.

A vida em arte

4-32.

a. Pesquise os múltiplos sentidos da palavra "cancioneiro".

b. Você vê alguma diferença entre *Bachianas brasileiras* e "do Brasil"?

c. Quais são os estilos de música brasileira que você conhece?

Intervalo para a gramática (III)

Gerúndio

Forma

Em português, o gerúndio de todos os verbos é formado da mesma maneira: retira-se o *-r* final do infinitivo e acrescenta-se *-ndo*.

Uso

O gerúndio é usado em contextos diferentes e atua como verbo; pode também desempenhar a função de adjetivo ou advérbio.

a. Como verbo.
Exemplo: Maria está escrevendo sua quarta sinfonia.

b. Como advérbio.
Exemplo: Chorando, ele explicou o que aconteceu com o violino.

c. Como adjetivo (menos comum).
Exemplo: Eu mirei a água enchendo a banheira.

Prática

4-33. Afinações. Leia as sentenças abaixo e marque verdadeiro (V), caso correspondam à sua realidade, ou falso (F), em caso contrário.

a. Eu ando correndo para ter tempo de ensaiar. ( )

b. Eu sempre ando de bicicleta ouvindo o meu iPod. ( )

c. Enquanto estava ouvindo música, eu lavava a louça. ( )

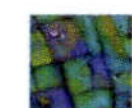

d. No dia em que eu estava indo me matricular no conservatório, me dei conta de que não teria o dinheiro para o semestre todo. ( )

e. Um dia acordei porque estava sonhando que havia anjos cantando. Levantei-me e, quando abri a janela, estavam fazendo uma serenata para mim. ( )

4-34. Andando em círculos. Encontre alguém em sua turma que:

a. Está tendo aulas de algum instrumento musical. ______________________

b. Aprendeu sobre a cultura portuguesa ouvindo fado. ______________________

c. Está tendo aulas de técnica vocal. ______________________

d. Passou dez anos estudando violino. ______________________

e. Gosta de ouvir música mesmo estando no trabalho. ______________________

f. Estando no chuveiro, sempre canta. ______________________

4-35. Múltiplas atividades simultâneas. Usando o gerúndio, descreva ao menos cinco ações que você ou um/a amigo/a faz ao mesmo tempo.

a. ______________________

b. ______________________

c. ______________________

d. ______________________

e. ______________________

Para saber e praticar mais? Consulte o Caderno de Produção.

Ler é viver através de outros olhares (III)

Aquecimento

4-36. Definições. Preencha as lacunas com a palavra ou expressão adequada.

a. No Brasil escravagista, quando as pessoas fugiam dos latifúndios procuravam abrigo em ________________.

( ) igrejas ( ) quilombos ( ) clubes ( ) fazendas

b. Para fazer caipirinha usamos gelo, limão, açúcar e ________________.

( ) rum ( ) tequila ( ) pisco ( ) cachaça

c. Minha irmã é ________________ em matemática, ao passo que eu sou um zero à esquerda.

( ) bamba ( ) péssima ( ) interesseira ( ) indelével

d. Os membros do comitê são todos ________________ da bateria.

( ) contra ( ) perante ( ) impassíveis ( ) integrantes

4-37. Responda às perguntas abaixo.

a. Por que uma escola de samba tem a denominação de "escola"? Você conhece o nome de alguma escola de samba?

b. Você já participou do Mardi Gras em Nova Orleans? Se sim, como foi sua experiência? Você acha que o Mardi Gras se assemelha ao carnaval do Rio de Janeiro? Quais seriam as semelhanças e quais seriam as diferenças?

c. Quem é Paulinho da Viola? E quem foi Cartola? Caso não saiba, faça uma pesquisa na internet.

A Quilombo na história das escolas de samba

Nem lembro a primeira vez que vi o carnaval carioca e as escolas de samba na televisão, mas o que eu sei é que, de garoto, eu não imaginava a riqueza da história do carnaval carioca e das pessoas que fundaram as escolas de samba. Antes de viajar ao Brasil pela primeira vez, em 2002, a mãe de um rapaz a quem ensinava a língua espanhola me apresentou ao Jack, vascaíno doente e amigo próximo do bamba portelense Paulinho da Viola. Quando visitei Jack na casa dele, ele me passou o telefone para falar com Cecília, filha do Paulinho da Viola. A Cecília me disse: "Liga pra gente quando você estiver no Rio". Assim que cheguei ao bairro do Catete, no Rio, liguei para os filhos do Paulinho, e três deles,

 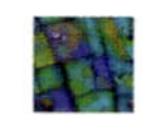

João, Ceci e Beatriz, vieram me buscar de carro para me levar à casa deles, onde tive a oportunidade de passar a tarde e tomar cachaça com Paulinho. Além da minha já nascente paixão pela música brasileira, o encontro com Paulinho me motivou a aprofundar conhecimentos sobre a história do carnaval carioca e as escolas de samba, como a Portela.

Ao ler sobre a história das escolas de samba, descobri que, em 1975, os integrantes da Portela decidiram fundar uma escola de samba chamada Quilombo ou Grêmio Recreativo Arte Negra. Pois é, fundar uma escola de samba. Porque, como disse o Cartola numa entrevista em 1978: "No meu modo de pensar, as escolas de samba já acabaram. Já não existe escola de samba. Há só uma agora, a Quilombo. As outras são *show*". (*Jornal do Brasil,* 1/7/78) Há vários motivos que que levaram os integrantes da Portela a criar a Quilombo, tantos que não é possível mencioná-los todos aqui. Entretanto, uma das questões centrais foi bem articulada pelo sambista e presidente do conselho deliberativo da Quilombo, Antônio Candeia Filho, e seu amigo Isnard Araújo, no livro *Samba: a árvore que esqueceu a raiz.* Essas duas pessoas expressaram um sentimento que foi compartilhado por muitos outros sambistas nos anos setenta. Segundo eles, os elementos tradicionais do samba (os passistas, as porta-bandeiras, os sambistas, as baianas) estavam em vias de extinção. Com essa extinção, a modernização, esse *show* do carnaval de que falava o Cartola, triunfava (atores, atrizes, coreógrafos, artistas plásticos, desenhistas, figurinistas, "celebridades"). No entanto, há pessoas que, na época, pensavam – e ainda hoje pensam – que a evolução do carnaval e das escolas de samba representa algo inevitável que deve ser aceito. Porém, para quem vive o samba de perto, como os integrantes da Quilombo, essa chamada evolução era muita problemática. Como relata o bamba Elton Medeiros no livro *Candeia: luz da inspiração,* "eles [Candeia e Paulinho da Viola] perceberam que as escolas em que vivíamos se descaracterizaram cada vez mais, impedindo que os sambistas mantivessem a sua autenticidade. Escola de samba deixou de ser reduto de sambistas". (Baptista M. Vargens, 75)

Depois das minhas leituras e depoimentos com sambistas sobre a Quilombo, comecei a pensar seriamente no papel das pessoas que são influentes no mundo do samba e que têm pouco ou nada a ver com ele. No final das contas, algo ficou claro nesta história para os sambistas: o que muitos tinham entendido como uma aparente vitória do samba – isto é, do seu passado de desprezo e perseguição – acabou gerando uma realidade mais truculenta do que muitos chegavam a imaginar: não somente a morte da escola de samba, como tinha apontado o mestre Cartola, mas também outra *stricto sensu*, a do sambista.

Stephen Bocskay

Refletindo sobre a leitura

4-38. Você acredita que as escolas de samba estão se esquecendo das suas raízes ou que essa "evolução" é algo inevitável e que, mesmo assim, enriquece o samba?

4-39. Você acha que o samba e o sambista morreram? O show agora tomou conta de tudo?

4-40. Você é a favor ou contra celebridades desfilando nas escolas de samba? Comente.

4-41. Descreva o papel dos passistas, porta-bandeiras e baianas nas escolas de samba.

4-42. A letra da música (o enredo) da escola de samba precisa ter uma série de características e não pode ter outras. Quais são essas características? Agora, encontre um samba-enredo de uma escola de samba e o traga para a sala de aula.

4-43. Há regras bastante rígidas para a pontuação dos desfiles das escolas de samba do Grupo 1. Descubra essas regras e comente.

Dando voltas às palavras

4-44. Visite novamente o vocabulário das leituras I, II, III e do áudio. Escolha no mínimo cinco palavras ou expressões e construa suas próprias frases.

____

____

____

____

____

____

____

____

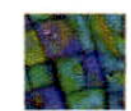

Cenários

4-45. Traga para a sala de aula uma fotografia de um músico ou banda que você admira. Ao lado de cada foto vamos colocar uma folha em branco para que cada aluno tenha a oportunidade de escrever algo sobre aquele músico ou grupo musical. Depois conte à classe a razão pela qual você admira esse músico ou grupo.

4-46. Há pessoas que preferem ouvir música ao vivo em vez de ouvir as gravações em CD ou pelo iPod. Descreva em detalhes o cenário de um show de música ao vivo ao qual você foi (quando, onde, que músico ou conjunto, como estava o palco, quanto custou o ingresso etc.). Comente a razão pela qual você adorou o show ou não gostou dele.

Debates

4-47. Há pessoas que preferem música clássica e outras que preferem música popular. A turma vai ser dividida ao meio e cada grupo vai defender sua posição.

4-48. Em muitos países, a música andou de mãos dadas com a política. Escolha um momento político em que a música tenha sido porta-voz da realidade de um povo. Agora, faça o mesmo com uma canção em português.

Portfólio

4-49. Encontre três músicas em português que o/a marcaram (pode ser a que você escolheu no momento biográfico) e escreva ao lado da letra o motivo pelo qual essas músicas são tão importantes para você. Coloque as músicas em seu portfólio.

Unidade 5

Pintura: labirinto de sonhos e lembranças

Imagem: Patricia Sobral. Arte: Regina Pisani.

Primeiros acordes

5-1. **Associando palavras e pensamentos.** Escreva todas as palavras que lhe vêm à mente ao ouvir a palavra "pintura". Compare suas notas com as de um/a colega e depois compartilhem os resultados com a turma.

____

____

____

Quais são os sentidos da pintura? O que essa arte evoca?

"Eu penso que a literatura é mais forte em termos de comunicação artística do que as artes plásticas, por exemplo. Em que sentido? Quando você lê um livro, se ele é bem escrito, o autor te faz viajar naquela história. Então, você entra dentro do livro e você cria as imagens, ou você traduz as imagens que ele está descrevendo para a sua cabeça. Então isso faz com que você passe a viver o que está escrito, a beleza do que está escrito. Comparando isso com as artes plásticas, alguns artistas conseguem essa magia também."

~René Nascimento,
pintor brasileiro radicado em Nova York

"Eu não pinto a óleo, e um pintor que não pinta a óleo não é a sério. Não sou uma pintora, o que eu faço é desenho."

~Paula Rego,
pintora portuguesa

"Pintar é uma forma de liberação criativa profunda."

~Jan Van Eyck, pintor flamengo do século XV

"Não, a pintura não é feita para decorar os apartamentos. É um instrumento de guerra ofensiva e defensiva contra o inimigo."

~Pablo Picasso, pintor espanhol

5-2. **Reflexões sobre pintura.** Com qual/quais das citações acima você se identifica? Numere a lista abaixo de 1 a 4, sendo (1) "muito" e (4) "nada ou quase nada", com relação às afirmações de:

( ) René Nascimento

( ) Paula Rego

( ) Jan Van Eyck

( ) Pablo Picasso

5-3. **Trocando ideias.** Em duplas, discutam as escolhas que vocês fizeram no exercício anterior. Em seguida, façam um resumo da discussão que tiveram para toda a turma. De preferência, fale sobre seu/sua colega e vice-versa.

5-4. Momento biográfico

a. Você pinta? Caso pinte, o que você usa para pintar? Aquarela? Tinta a óleo?
b. Há algum pintor/a na sua família? Pode ser algum parente mais distante.
c. Há algum quadro que o/a emociona? Por quê? Caso haja, que quadro seria esse? De quem é?
d. Há algum quadro num museu que você gostaria muito de ver, mas ainda não teve a oportunidade? Qual é o museu e o quadro?

Intervalo para a gramática (I)

Imperfeito do subjuntivo

O imperfeito do subjuntivo é usado na maioria das situações em que se usa o presente do subjuntivo, porém referindo-se ao passado. O verbo da oração principal pode estar no pretérito, no imperfeito ou no condicional. O imperfeito do subjuntivo expressa uma situação simultânea ou posterior à indicada pelo verbo na oração principal.

Conjunções do imperfeito do subjuntivo (e presente do subjuntivo)

Para que
Embora
Contanto que
Mesmo que
A não ser que
Sem que
Até que
Antes que
Caso
Nem que

Exemplos:

Eu disse para ele que sairia com ele, contanto que ele fosse à exposição comigo.

Nós lhe emprestaríamos dinheiro, caso ela necessitasse.

Formas

A maneira mais fácil de chegar às formas do imperfeito do subjuntivo é tomar a terceira pessoa do plural do pretérito perfeito do indicativo como ponto de partida, eliminar o -**ram** final e substituí-lo por -**sse**.

Exemplo: verbo "querer"

Pretérito Perfeito	Imperfeito do Subjuntivo
Eu quis	que eu quisesse
Tu quiseste	que tu quisesses
Você quis	que você quisesse
Nós quisemos	que nós quiséssemos
Vocês quiseram	que vocês quisessem

Prática

5-5. Andando em círculos. Encontre alguém em sua turma que:

1- Se tivesse talento para as artes, gostaria de ser pintor/a. Nome do/a colega: __________	2- Se pudesse, nunca iria a museus ver quadros. Nome do/a colega: __________
3- Se fosse rico, compraria muitas obras de arte. Nome do/a colega: __________	4- Se tivesse tempo livre, faria um curso de pintura. Nome do/a colega: __________

5-6. Juntando os pedaços. Relacione a coluna da direita com a da esquerda.

a.	Caso você pudesse viver	( ) é que os nossos quadros venderiam bem.
b.	Embora se esforçasse muito,	( ) era mau pintor.
c.	Ela acreditava que, à medida que fosse tendo aulas de aquarela,	( ) ela achava que encontraria o seu amor eterno.
d.	Pensávamos que só depois que fizéssemos uma exposição	( ) num lugar ideal para pintar, onde seria?
e.	Logo que começassem as aulas de arte,	( ) melhoraria.

5-7. Entreviste um artista. Usando as conjunções que desencadeiam o imperfeito do subjuntivo, elabore seis perguntas para entrevistar um/a artista.

Conjunções:

A fim de que
Contanto que
Talvez
Se
Embora
Caso
Conforme
Ser possível que
Não achar que
Assim que
Enquanto
Duvidar que

Exemplo: Nos anos 50 no Brasil, era possível que uma atriz não sofresse preconceito?

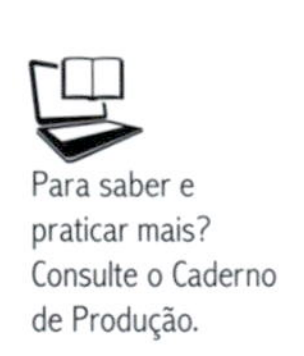
Para saber e praticar mais? Consulte o Caderno de Produção.

Atividade opcional: Depois vocês podem entrevistar um/a ao/à outro/a, usando as perguntas formuladas.

Ler é viver através de outros olhares (I)

Aquecimento

5-8. Definições. Relacione a coluna da direita com a da esquerda:

a.	auge	( ) que prejudica, que causa dano
b.	comparecer	( ) desfazer a ligação, transgredir
c.	marcante	( ) o grau mais alto, o apogeu
d.	nociva	( ) enérgico, forte, vigoroso
e.	romper	( ) aparecer, apresentar-se
f.	veemente	( ) que se sobressai, que se destaca

5-9. Junto com um/a colega, responda às perguntas abaixo. Caso seja necessário, recorram à internet.

Por que a data de 1822 é importante no Brasil? O que aconteceu cem anos depois no mundo das artes?

5-10. Completem o quadro abaixo com dados sobre os movimentos ou expressões artísticas pertencentes ao mundo das artes visuais.

Pinturas rupestres	Barroco	Arte naïf	Pintura modernista
Encontradas em cavernas, como as do Parque da Capivara. Feitas por populações que viveram há milênios.			

5-11. Vocês acham que um/a artista que atua numa área pode/deve ser influenciado/a por artistas de outras áreas? Vocês conhecem algum/a artista assim?

Anita Malfatti: pintora pioneira do modernismo brasileiro

A artista plástica Anita Malfatti (1889-1964) – brasileira de ascendência italiana, alemã e norte-americana – é conhecida como a precursora do modernismo no Brasil. Em 1910, com vinte anos de idade, foi para a Alemanha, onde viveu até 1914. Em cidades como Berlim e Colônia ela vivenciou de perto – até comparecendo à notável exposição Sonderbund de 1912 – o auge do modernismo e do expressionismo europeus, que romperam radicalmente com as regras da arte acadêmica. Em 1915, um ano após o famoso "Armory Show", ela foi morar na dinâmica Nova York. Na Independent School of Art ela estudou pintura com o diretor da escola, Homer Boss, e conviveu com várias pessoas que participavam de encontros artísticos na escola de arte, inclusive a coreógrafa e dançarina americana Isadora Duncan, o artista japonês Yasuo Kuniyoshi, o artista francês Marcel Duchamp, o escritor russo Máximo Gorki e o fundador do balé russo, Sergei Diaghilev.

Depois desses períodos marcantes de aprendizagem no exterior, Anita Malfatti expôs quadros inovadores em São Paulo para um público tradicionalista, que ficou chocado com as novas formas de pintura: ela usava cores berrantes e fundos abstratos para os seus retratos expressionistas como *O homem amarelo, O japonês e A mulher de cabelos verdes*. A arte expressionista de Malfatti foi causa de muita polêmica: a crítica conservadora e nociva do escritor Monteiro Lobato acusava a arte de Malfatti de violar as mais puras normas da arte nacional, enquanto intelectuais como Oswald e Mário de Andrade defendiam veementemente os novos princípios modernistas à mostra nos quadros de Anita. Apesar dessa exposição de 1917-1918 ter sido devastadora para a própria pintora, a arte pioneira de Anita Malfatti – esses mesmos quadros pintados nos Estados Unidos e exibidos no Brasil – hoje é reconhecida como um dos elementos catalisadores do modernismo no Brasil.

De fato, os quadros expressionistas de Anita Malfatti serviram não só de inspiração mas também de motivo de conexão entre um grupo de artistas e intelectuais que se tornaram integrantes da Semana de Arte Moderna de São Paulo, em fevereiro de 1922. A Semana de Arte Moderna fomentava o experimentalismo e o vanguardismo nas artes em geral. De acordo com o pintor Di Cavalcanti, o evento era para ser "uma semana de escândalos literários e artísticos" que servisse como expressão coletiva da renovação da arte no Brasil. O evento se realizou no Theatro Municipal e incluiu pintura, desenho, escultura, arquitetura, literatura, poesia e música; dele participaram o próprio Di Cavalcanti, Anita Malfatti, o escultor Victor Brecheret, os escritores Oswald de Andrade, Mário de Andrade e Menotti del Picchia e o compositor Villa-Lobos, entre tantos outros. A artista Tarsila do Amaral – amiga de Anita Malfatti – estava em Paris e por isso não participou da Semana, mas, de volta da Europa ainda em 1922, se tornou uma grande representante do modernismo brasileiro. A pintura expressionista de Anita Malfatti, que tanto abalou o público paulistano da época, representa uma contribuição significativa para a arte brasileira do século 20.

Marguerite Itamar Harrison

Refletindo sobre a leitura

5-12. Anita Malfatti obviamente foi influenciada por um grande número de pessoas. Qual era a origem dessas pessoas?

5-13. Por que a arte de Anita Malfatti chocava tanto?

5-14. Ainda hoje há artistas que chocam o público? Caso você conheça algum/a, dê o nome dele/a(s) e levante hipóteses sobre a razão que faz com que a arte dos/as mesmos/as choque.

No estúdio – Entrevista com René Nascimento

5-15. Qual é a capital dos estados abaixo:

1. Pará	a. ___ Rio Branco
2. Bahia	b. ___ Belo Horizonte
3. Acre	c. ___ Rio de Janeiro
4. Minas Gerais	d. ___ Belém
5. Rio de Janeiro	e. ___ Salvador

5-16. As pessoas que nascem nas capitais brasileiras abaixo são:

a. Curitiba ____________________
b. Recife ____________________
c. São Paulo ____________________
d. Salvador ____________________
e. Rio de Janeiro ____________________

Melodias da língua. Agora ouça a gravação.

5-17. René se refere à sensação de se sentir preso numa ilha. A qual ilha ele está se referindo e qual é a razão de se sentir preso?

5-18. René parece ter uma certa ambivalência em relação ao regionalismo do seu trabalho. Comente.

Intervalo para a gramática (II)

Pronomes relativos

Os pronomes relativos substituem um termo da oração anterior e estabelecem relação entre duas orações.

Eu moro em uma casa. A casa é pequena.

A casa onde moro é pequena.

Os pronomes relativos são os seguintes:

Variáveis

masculino singular	feminino singular	masculino plural	feminino plural
o qual	a qual	os quais	as quais
cujo	cuja	cujos	cujas
quanto	quanta	quantos	quantas

Invariáveis

Que (quando equivale a "o qual" e flexões)
Onde (quando equivale a "no qual" e flexões)
Quem

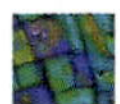

Prática

5-19. Juntando os pedaços. Escolha o trecho que melhor se encaixa nas frases abaixo.

a. O artista plástico, ________________ mora em Maputo.
b. A galeria, ________________ fechou.
c. O artista, ________________ se mudou para Lisboa.
d. Perdi o livro ________________ para o meu trabalho.
e. A pintora ________________ é de Cabo Verde.

( ) com quem trabalhávamos,
( ) onde ele expôs seu trabalho há dois anos,
( ) de quem lhe falei
( ) cuja obra foi classificada como sendo pós-impressionista,
( ) no qual havia referências importantes

5-20. Andando em círculos. Encontre alguém em sua turma:

1- cujo pai é pintor. Nome do/a colega: ___________	2- que mora em uma casa onde não há nenhuma obra de arte. Nome do/a colega: ___________
3- que tem um livro de arte no qual há várias reproduções de quadros pintados por artistas lusófonos. Nome do/a colega: ___________	4- cuja ambição é tornar-se um/a artista plástico/a conhecido/a. Nome do/a colega: ___________
5- com quem você não concorda em relação ao valor da pintura moderna. Nome do/a colega: ___________	6- para quem a arte não tem tanta importância. Nome do colega: ___________

5-21. Usando pronomes relativos, escreva quatro frases sobre si mesmo/a.

Para saber e praticar mais? Consulte o Caderno de Produção.

a. ______________________________

b. ______________________________

c. ______________________________

d. ______________________________

Ler é viver através de outros olhares (II)

Aquecimento

5-22. Definições. Relacione a coluna da direita com a da esquerda.

a. aposentar-se	1. ___ cursar, ir a algum lugar com regularidade
b. facetas	2. ___ parar de trabalhar, geralmente por idade
c. pesquisa	3. ___ instrumento concreto ou abstrato
d. frequentar	4. ___ estudo sistemático para descobrir/estabelecer fatos
e. ferramenta	5. ___ diferentes aspectos pelos quais se considera alguém/algo

5-23. Preencha as lacunas com a palavra ou expressão adequada.

a. A memória é o ________________ da nossa infância.
( ) órgão vital ( ) espelho ( ) motor ( ) encruzilhada

b. Desde os ________________, o ser humano usava a pintura como modo de expressão.
( ) tempos ( ) fins ( ) primórdios ( ) tempos coloniais

c. Desde pequeno João tem inclinações artísticas, mas acabou ________________ pelo campo das finanças.
( ) descobrindo ( ) tomando ( ) resgatando ( ) enveredando

d. Tanto o corpo ________________ quanto o corpo discente desta universidade são altamente qualificados.
( ) de alunos ( ) docente ( ) de empregados ( ) de colegas

Cultura de células e de almas

Comecei como pesquisadora na área biológica. Em 1960, trabalhava com cultura celular. Faz muito tempo isso, eram os primórdios da cultura celular. O laboratório onde eu trabalhava foi um dos primeiros a fazer, senão o primeiro a fazer, cultura celular no Brasil, e foi por esse motivo que eu acabei vindo para a Unicamp. O docente que era chefe do departamento de genética aqui queria alguém que entendesse da parte de cultura celular. Eu trabalhei nove anos nessa área e depois passei para uma área de pesquisa básica, mas aplicada à área médica. Foi quando comecei a trabalhar com receptores hormonais e com cultura de células para testar os receptores hormonais. Fiquei muitos anos nessa área, gostava muito, sempre gostei do que eu fazia, e fui avançando, criei meu setor, meu espaço, meu laboratório, enfim, tudo. Mas em 1990 comecei a desacelerar meu processo, pois já tinha trabalhado, naquela altura, 32 anos nessa área. Então comecei a desacelerar o meu processo e em 1992 eu me aposentei. Eu achava que já tinha feito realmente a minha parte. Essa área foi sempre muito importante para mim, mas eu nunca achei que ela era a única coisa que eu tinha para fazer na vida, entende? Eu sempre queria conhecer outras facetas minhas. Porque enquanto você está trabalhando numa área científica com projetos de pesquisa, você usa muito a sua criatividade, você se faz muitas perguntas, né? Você tem que pensar qual é a maneira de responder ou tentar responder àquelas perguntas. Então você só pode ler sobre aquele assunto. Eu só lia, eu só estudava, devoção total àquela área, mas eu gostava de outras coisas. Quando parei de trabalhar eu sentia falta de alguma outra coisa, que na época não percebi o que era. E aí eu comecei a estudar. Descobri uma psicóloga que dava cursos sobre Jung para quem tivesse interesse em conhecer. Como a área de psicologia era uma coisa de que eu sempre gostei, comecei a frequentar as aulas, a gente formou um grupo de estudos e fomos estudando. E aí foi assim com o Jung que eu descobri o que estava faltando para mim. Estudando o Jung, eu descobri o quanto a minha profissão era criativa e que eu estava sentindo falta de usar a minha criatividade em algum setor da minha vida. E aí comecei. Pensei: o que é que eu posso fazer? Ah, eu vou desenhar. Aí comprei um monte de giz, de crayon seco e papéis e coisas do gênero. Aí eu comprava flores, fazia uns buquês, cortava umas garrafas de Coca-Cola e usava como vaso e ficava desenhando. Isso aconteceu mais ou menos em 1996.

Eu começava por volta das dez da noite e ficava até duas, três horas da manhã desenhando, pintando, fiz um autorretrato, fiz um monte de coisas. Até que chegou um certo momento em que eu comecei a sentir que era como se eu tivesse mais coisas para falar. Eu não estava satisfeita em olhar para fora e desenhar o que eu estava vendo no espelho quando eu fiz o autorretrato, não. Eu queria botar coisas que estavam dentro de mim para fora. Eu não tinha instrumentos, ferramentas para isso. Eu desconhecia. Nunca tinha desenhado, a não ser no tempo de faculdade, em que a gente era obrigada a desenhar no curso uma série de coisas, então na época eu desenhava, mas só. Aí eu falei: eu tenho que procurar alguém. Aí fui falar com a Vera Ferro. Ela é uma pessoa espetacular.

Foi muito engraçado. Levei as minhas coisas, aquilo que eu já tinha feito. E aí ela olhou e falou assim, olha tá jóia, mas para fazer isso já tem máquina fotográfica. Eu falei, mas é exatamente isso que eu estou sentindo, é por isso que eu estou aqui, eu quero enveredar para o outro lado. Aí ela falou: então começa a frequentar o curso. É um curso de arte contemporânea.

Regina Pisani

Refletindo sobre a leitura

5-24. Regina Pisani é uma mulher de vanguarda. Cite e comente algumas das suas inovações.

5-25. Regina Pisani fala muito sobre a criatividade. Qual é a importância da criatividade na sua profissão como pesquisadora e, após a aposentadoria, na sua vida artística?

5-26. A Vera Ferro, sua professora, faz um comentário à Regina sobre a sua produção artística. Qual é e por que é importante?

5-27. Você conhece alguém que já mudou de carreira? Quem é essa pessoa? O que ela fazia antes e o que ela faz agora? O que você acha das pessoas que se enveredam por outros caminhos?

5-28. Que paralelos a Regina estabelece entre artes e ciências?

A vida em arte

5-29. Compare a pintura reproduzida abaixo com outras que você viu nesta unidade.

a. Quais fases da vida você vê nessa pintura?

b. Por que a mulher não tem o rosto definido?

Intervalo para a gramática (III)

Os "porquês"

Quantos porquês existem na língua portuguesa?

Há quatro grafias e cinco significados da palavra "por que" em português:

1. A palavra é grafada em dois segmentos, tem dois significados e não tem acento gráfico.
   - **Por que**, quando pode ser seguido da palavra *motivo*: *Por que* (motivo) você não veio ver meus quadros? Quero saber *por que* (motivo) você não veio.
   - **Por que** é substituível *pelo/a qual, pelos/as quais*: Os motivos *por que* (pelos quais) não veio são desconhecidos.

2. A palavra é grafada em um único segmento e não tem acento gráfico.
   - **Porque** é conjunção causal ou explicativa; não pode ser seguido da palavra *motivo*. Equivale aproximadamente a: "pois", "para que", "uma vez que". Não vim ver seus quadros *porque* estava viajando.
3. A palavra é grafada em dois segmentos e tem acento gráfico.
   - **Por quê** é usado quando pode ser seguido da palavra *motivo* e vem no final de frase, antes de um ponto, seja ele final, de interrogação ou de exclamação: Você não veio ver meus quadros, *por quê*? Não veio e nem sabe *por quê*.
4. A palavra é grafada em um único segmento e tem acento gráfico.
   - **Porquê** funciona como um substantivo e significa: "o motivo", "a razão". Vem acompanhado de artigo, pronome, adjetivo ou numeral. Quero saber o *porquê* de tanta discórdia.

5-30. Justifique o uso dos "porquês":

a. Por que você não foi à abertura de minha exposição individual?
b. Não fui porque estava com sono.
c. Você ficou vendo TV até tarde por quê?
d. Porque eu gosto!
e. Não vejo o porquê desta decisão.
f. Explique então por que você não está de acordo.

5-31. Preencha as lacunas com um dos "porquês".

________________ você parou de fazer aulas de piano? ____________ não tenho mais tempo para nada. Ah, não acredito. Diga a verdade! Eu não consigo entender ________________ você deixou de estudar piano. ________________?! Eu já disse. ________________ você nunca quer entender as coisas. ________________ simplesmente nunca sei se você está falando sério.

5-32. Agora, elabore seis frases usando as variantes dos "porquês".

____

____

____

____

____

____

____

____

Para saber e praticar mais? Consulte o Caderno de Produção.

Ler é viver através de outros olhares (III)

Aquecimento

5-33. Definições. Examine as palavras abaixo e tente encaixá-las no texto abaixo:

inquietante – mesquinharia – enveredar – tela

Estou bastante preocupada com as atitudes desse dono de galeria. Com a crise econômica, a ________________ costumeira dele piorou. Ele quer economizar cada centavo, pois a situação está ________________. Imagine que ele quer nos dar apenas dez por cento de cada ________________ vendida. Acho que terei de ________________ por outros caminhos, enfim, procurar outras alternativas.

Paula Rego: denúncia, feminismo e inquietude

Paula Rego é uma das pintoras mais conhecidas dentro e fora do mundo lusófono. Nascida e criada em Lisboa, Portugal, vive em Londres desde 1951, quando foi estudar na prestigiosa Slade School of Art. Apesar de estar fora de Portugal já há tantos anos, a temática de sua obra permanece essencialmente portuguesa. Trata-se de uma obra de denúncia forte, profundamente feminista e inquietante.

Ao contrário de outros artistas contemporâneos, Paula Rego nunca enveredou pelo campo da multimídia. Seus traços parecem estar cada vez mais firmes e ousados. O tema do corpo com "anomalias" é recorrente em suas telas, o que pode dar a impressão de que, de modo geral, os personagens que ela retrata não se relacionam bem com os seus corpos. Parecem estar extremamente desconfortáveis dentro deles. Poderíamos especular até que ponto os corpos dos personagens de Rego seriam verdadeiros carrascos cheios de caprichos que tornam a vida de seus "donos" sufocante.

As telas de Paula Rego são intensas e condensam tristes histórias de mesquinharia, abusos e falta de compaixão. Não há dúvida de que seus quadros tendem a ser melancólicos, sendo que alguns estampam o desamparo e o desespero. Enfim, seriam essas telas mais do que meros retratos? Seriam elas poemas, pequenos contos, crônicas etc.? Versões e versões de *O grito* de Munch? O que sabemos é que a pintora é uma leitora voraz e uma excelente contadora de histórias.

Trata-se de gritos de denúncia e de pedidos de socorro. Um dos exemplos mais contundentes aconteceu em 1997 por ocasião da campanha para legalizar o aborto em Portugal. Paula Rego pintou uma série de telas que combinam sentimentos fortíssimos e uma estonteante destreza técnica. A Fundação Calouste Gulbekian, em um ato de coragem, decidiu apoiar a pintora e organizou uma exposição durante a campanha. Muitas pessoas vieram ver obra de Paula Rego. Várias mulheres olharam os quadros com grande atenção e seriedade, pois muitas delas certamente sabiam o que tudo aquilo significava. Mas, segundo a pintora, os críticos de arte ficaram amedrontados e fizeram comentários exclusivamente de ordem técnica.

Clémence Jouët-Pastré

Refletindo sobre a leitura

5-34. Paula Rego mora há muitos anos em Londres, mas sua obra permanece essencialmente portuguesa. Como a distância da pátria, da terra natal poderia influenciar Paula Rego e afetar as características portuguesas em sua obra?

5-35. O corpo é um dos temas mais frequentes na pintura de Paula Rego. Qual seria o motivo disso? Encontre uma reprodução de um dos corpos de Paulo Rego e aponte essas "anomalias".

5-36. A leitura parece ter grande influência na pintura de Paula Rego. Como a leitura pode influenciar uma pintora?

5-37. No caso de Paula Rego, a pintura pode servir para denunciar, como na campanha para legalizar o aborto. Por que os críticos se silenciaram perante a denúncia e só falaram dos aspectos técnicos?

Dando voltas às palavras

5-38. Visite novamente o vocabulário das leituras I, II, III e do áudio. Escolha no mínimo cinco palavras ou expressões e construa suas próprias frases.

____

____

____

____

____

____

____

____

Cenários

5-39. Traga para a sala de aula duas reproduções de pinturas. Uma reprodução deve ser de uma pintura da qual você gosta muito e a outra de uma pintura da qual você não gosta; as razões podem ser diversas – o tema da pintura, as cores etc. Cada aluno vai expor suas duas pinturas e o resto da turma terá de adivinhar de qual pintura a pessoa gosta e de qual não gosta. Depois cada aluno irá revelar suas preferências e o porquê.

5-40. Você e uns/umas amigos/as vão a uma mostra de arte de um novo pintor numa nova galeria badalada. Escreva um diálogo em que vocês discutem os quadros e também a galeria.

Debates

5-41. A turma vai ser dividida ao meio. Metade da turma vai argumentar que a arte deve permanecer em museus. A outra metade vai argumentar que a arte deve estar pelas ruas e não ficar apenas isolada nos museus.

5-42. Em muitas escolas, os programas de arte desapareceram completamente ou diminuíram drasticamente por falta de recursos. Discuta se é importante preservar a arte nas escolas e dê razões para justificar posicionamentos tanto contra quanto a favor.

Portfólio

5-43. Identifique duas pinturas de que você gosta e a partir das mesmas escreva um pequeno conto que integre ambas. Coloque fotocópias das duas pinturas e do conto em seu portfólio.

Unidade 6

Escultura e arquitetura: articulando linhas

Imagem: Henrique Schucman. Arte: Marcos Pagani.

Primeiros acordes

6-1. **Associando palavras e pensamentos.** Escreva todas as palavras que lhe vêm à mente ao ouvir a palavra "escultura". E a palavra "arquitetura", o que evoca para você? Compare suas notas com as de um/a colega e depois compartilhem os resultados com a turma.

___

___

___

Imagens e reflexões sobre escultura/arquitetura

"Lina Bo Bardi acreditava na sintonia entre a arquitetura e a natureza."

~Marguerite Harrison,
professora universitária

"Baudelaire disse que a surpresa, o espanto são as características básicas de uma obra de arte. É o que penso. Camus diz em *O estrangeiro* que a razão é inimiga da imaginação. Às vezes, você tem de botar a razão de lado e fazer uma coisa bonita."

~Niemeyer,
arquiteto

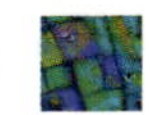

"Escultura barroca? Drama, exagero, rebuscamento, crise, teatralidade, conflito, mistério."

~Clémence Jouët-Pastré, professora universitária

"A arquitetura é para mim a minha arma de guerra, a minha ferramenta."

~Marcelo Ferraz, arquiteto

6-2. **Reflexões sobre escultura/arquitetura.** Com qual/quais das citações acima você se identifica?

Numere a lista abaixo de 1 a 4, sendo (1) "muito" e (4) "nada ou quase nada", com relação às afirmações de:

( ) Marguerite Harrison sobre Lina Bo Bardi

( ) Niemeyer

( ) Clémence Jouët-Pastré

( ) Marcelo Ferraz

6-3. **Trocando ideias.** Em duplas, discutam as escolhas que vocês fizeram no exercício anterior. Em seguida, façam um resumo da discussão que tiveram para toda a turma. De preferência, fale sobre seu/sua colega e vice-versa.

6-4. Momento biográfico

a. Você já fez alguma escultura? Se sim, com que material? Argila? Se não, por que não? Há algum/a escultor/a na sua família?

b. Há alguma escultura que você já viu que provocou uma grande emoção em você? Qual é a escultura e onde se encontra?

c. Você é apaixonado/a por arquitetura? Tem algum/a arquiteto/a na sua família?

d. Você prefere a arquitetura moderna ou edifícios, igrejas, templos etc. mais antigos?

e. Comente três projetos arquitetônicos com os quais você mais se relaciona e explique as razões.

Intervalo para a gramática (I)

Aumentativos e diminutivos

Na língua portuguesa, os aumentativos e os diminutivos nem sempre são regulares. Tampouco exprimem sempre "um tamanho maior" ou "um tamanho menor".

Há dois modos de formação, tanto do grau aumentativo quanto do grau diminutivo:

Grau	Aumentativo	Diminutivo
Forma sintética: regras gerais	Uso de sufixos aumentativos como, por exemplo, *-ão* e *-zão*.	Uso do sufixo *-inho* (*a*). Se a palavra terminar em vogal nasal, vogal tônica ou ditongo, usa-se *-zinho* (*a*).
Forma analítica: regras gerais	Uso de um auxiliar como, por exemplo, *grande, imenso e enorme.*	Uso de um auxiliar como, por exemplo, *pequeno, minúsculo, ínfimo.*

O aumentativo e o diminutivo podem ser usados de diversas maneiras como, por exemplo, para intensificar e para referir-se a tamanho. Dependendo do contexto, tanto o aumentativo quanto o diminutivo terão um valor positivo ou negativo.

Prática

6-5. Complete as lacunas abaixo com aumentativos ou diminutivos de acordo com o modelo.

Exemplo: Maria mora num casarão. Eu moro ________________.

Respostas possíveis : numa casinha, num casona

a. O gato da minha mãe é gordinho e o meu é ________________.
b. A biblioteca do meu pai é enorme, mas a minha é ________________.
c. O museu da minha cidade não é muito bom. É um museuzinho. O museu da universidade do Marcos é ________________.
d. Eu moro numa ruazinha e meu irmão mora em Nova York numa ________________.
e. O ateliê da artista plástica Tomie Ohtake é lindão. Infelizmente, o meu é ________________.

Para saber e praticar mais? Consulte o Caderno de Produção.

Entrevista

6-6. Entreviste um/a colega. Imagine que ele/a foi recentemente a um museu e visitou somente as salas de exposição de esculturas. Escreva cinco perguntas e cinco respostas. Exagere no uso de aumentativos e diminutivos. As perguntas podem ser, por exemplo, sobre:

– o tamanho do museu/das esculturas
– a qualidade da exposição/das esculturas
– a organização da exposição
– os dados do escultor

a. Pergunta: ____
Resposta: ____
b. Pergunta: ____
Resposta: ____
c. Pergunta: ____
Resposta: ____
d. Pergunta: ____
Resposta: ____
e. Pergunta: ____
Resposta: ____

Ler é viver através de outros olhares (I)

Aquecimento

6-7. Quais são os sinônimos das palavras abaixo? Faça a correspondência entre as colunas da direita e da esquerda.

a. destroçar	( ) carência
b. deslumbrante	( ) casa, lar
c. escassez	( ) destruir
d. resgatar	( ) fascinante, belo
e. salientar	( ) recuperar, retomar
f. moradia	( ) evidenciar, enfatizar

6-8. Para pesquisar, escrever e discutir:

a. O que é uma maquete?
b. Você acha que o processo criativo pode e deve ser coletivo ou apenas individual? Há artes que não se predispõem a colaborações artísticas? Na sua opinião, quais seriam elas?
c. Você acha que a arte deve estar apenas nos museus ou por toda parte? Como a arte pode ser de acesso fácil para todos?
d. Faça uma pesquisa para descobrir o que é o "Polígono da Seca".

Lina Bo Bardi e a dimensão humana na arquitetura brasileira

A arquiteta Lina Bo Bardi (1914-1992) – italiana naturalizada brasileira – testemunhou de perto a destruição causada pela Segunda Guerra Mundial. Ao se mudar da Itália para o Brasil em 1946 com o marido – o crítico de arte Pietro Maria Bardi – ela descreveu sua nova "pátria de escolha" como "deslumbrante" e sem ruínas. Como Lina acreditava na sintonia entre arquitetura e natureza, a primeira casa que ela projetou em 1951 para sua própria moradia, a Casa de Vidro, tinha como elemento fundamental a harmonia entre o interior e a paisagem. Ela criava maquetes para seus edifícios (preferindo chamá-los de "ambientes") a partir de desenhos elaborados que fazia no próprio local. Subestimando o individualismo, Bo Bardi insistia para que o processo criativo também fosse coletivo: assim, ela incluía a participação dos habitantes desses locais, para melhor entender como eles viviam e de quais objetos, móveis, cômodos e espaços exteriores eles necessitavam.

Lina Bo Bardi mantinha a simplicidade como um dos seus princípios fundamentais e, por isso, agregava materiais reciclados e locais, preferindo uma arte caracterizada pela escassez que expressasse uma poética de economia.

 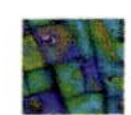

Inspirada pelas viagens que fez pelo interior do Nordeste enquanto morava na Bahia (entre 1958-1964), ela passou a salientar a importância da arte popular dentro do contexto da arquitetura contemporânea. Os anos na Bahia foram marcantes para a arquiteta, que interagiu com diversos artistas de vanguarda como o cineasta Glauber Rocha e o fotógrafo-antropólogo Pierre Verger. Além da arquitetura, a experiência de Lina se expandia em diversas áreas: ela era *designer* de móveis e de jóias, artista industrial, cenógrafa e curadora de exposições.

Como arquiteta, Lina Bo Bardi defendia uma arte que fosse acessível a todos. Em museus como o icônico MASP – o Museu de Arte de São Paulo – (1957-1968) e o Solar do Unhão (1959) – um edifício histórico que, restaurado, se tornou o Museu de Arte e Tradições Populares e hoje é o atual Museu de Arte Moderna da Bahia – ela simplificou as estruturas interiores e criou espaços abertos exteriores para que tanto as obras de arte quanto os espetáculos cênicos e as festas populares fossem acessíveis ao grande público. No SESC Pompéia (1977), em São Paulo, ela transformou uma antiga fábrica de tambores num centro de lazer que incorporou uma variedade de atividades culturais e esportivas para todas as idades, com particular atenção para crianças e idosos. Lina Bo Bardi aderia a uma dimensão ética, social e humana da vida, dentro da qual a cultura fazia parte da convivência cotidiana.

O arquiteto mais famoso do período modernista no Brasil não foi Lina Bo Bardi e, sim, Oscar Niemeyer (1907-2012). Niemeyer e o urbanista Lúcio Costa (1902-1998) projetaram o plano piloto da nova capital, Brasília, inaugurada em 1960. Os planos inovadores e modernistas para Brasília enfatizavam o progresso de um país voltado para o futuro. Enquanto Brasília estava em construção, Lina Bo Bardi viajava pelo chamado Polígono da Seca, resgatando a memória coletiva e artesanal de um povo.

Marguerite Itamar Harrison

Refletindo sobre a leitura

6-9. Pense no fato de que Lina Bo Bardi emigrou da Itália após a guerra. Como isso pode ter influenciado sua visão da arquitetura? Faça anotações e discuta suas ideias com um/a colega.

6-10. Encontre uma fotografia da Casa de Vidro. Considerando que a casa foi projetada em 1951, você acha que ela tem elementos inovadores para a época, ou seja, que era uma casa de vanguarda? Em duplas, discutam se existem elementos inovadores nessa construção e façam uma lista de quais seriam.

6-11. Por que o Nordeste do Brasil influenciou tanto Lina Bo Bardi? O que você sabe sobre essa região do país? Tente se lembrar do que estudamos sobre *Assum preto* na Unidade 4 deste livro. Faça anotações e discuta suas ideias com o resto da turma.

6-12. Sem dúvida o arquiteto mais famoso do Brasil é Oscar Niemeyer. Como ele se tornou famoso? Como ele se diferencia de Lina Bo Bardi? Junto com um/a colega faça uma lista de semelhanças e diferenças que encontrarem na obra dos dois arquitetos e compartilhem os resultados com o resto da turma.

No estúdio – Leitura do poema de Jamaveira

Aquecimento

6-13. Quais dos materiais abaixo podem servir como matéria-prima para fazer uma escultura?

a. sangue ( ) b. mármore ( ) c. madeira ( ) d. vento ( )
e. pedra ( ) f. sabão ( ) g. pedra-sabão ( ) h. chuva ( )

6-14. Quais são as melhores definições de "cinzel"?

a. Ferramenta usada pelos escultores, o cinzel é cortante numa das extremidades. ( )
b. Ferramenta usada pelos escultores para medir o tamanho das pedras. ( )
c. Ferramenta cortante numa das extremidades, útil para fazer esculturas. ( )
d. Ferramenta que serve para medir o tamanho das pedras, apreciada pelos escultores. ( )

6-15. Minas Gerais fica na região:

a. Sul ( )
b. Sudeste ( )
c. Nordeste ( )
d. Norte ( )

6-16. Um sinônimo de "talhar" é:

a. convencer ( )
b. denunciar ( )
c. esculpir ( )
d. esconder ( )

Melodias da língua. Agora ouça a gravação.

6-17. Preencha as lacunas.

Madeira-Pedra (1) _______________ (2) _______________
Degeneração articulação (3) ________________________
Dedicação superando (4) ___________________________
Cinzel (5) _____________________________com perfeição
(6) _______________________________ patrimônio paixão
Minas (7) _____________________________________Gerais
Barroco brasileiro Ouro Preto
O mundo encantado (8) _________________________
Tesouro de todas as (9) _________________________
Guardados aqui em nossos (10) _________________.

6-18. Trata-se de um poema

a. barroca. ( )
b. sobre a poesia barroca. ( )
c. sobre um poeta barroco. ( )
d. sobre um escultor. ( )

Intervalo para a gramática (II)

Acento gráfico

Para compreender as regras de acentuação gráfica é necessário entender conceitos como os brevemente delineados no quadro abaixo:

Hiato: sucessão imediata de duas vogais que pertencem a diferentes sílabas e, portanto, são pronunciadas separadamente.

Ditongo: ao contrário do hiato, trata-se de pronunciar juntamente duas vogais (mais precisamente uma vogal e uma semivogal) que se sucedem e pertencem à mesma sílaba.

Palavras proparoxítonas: palavras cujo acento gráfico recai sobre a antepenúltima sílaba de uma palavra.

X
ar- qui- te- tô- ni- co

Palavras paroxítonas: palavras cujo acento (gráfico ou não) recai sobre a penúltima sílaba de uma palavra.

X
es- cul- tu- ra

X
pré- dio

Palavras oxítonas: palavras cujo acento (gráfico ou não) recai sobre a última sílaba de uma palavra.

X
bam- bu

X
ci- pó

Algumas regras de acentuação:

a. Todas as palavras proparoxítonas são acentuadas.
b. As palavras oxítonas não são acentuadas quando terminadas em "u" e em "i".
c. As palavras paroxítonas têm acento gráfico quando:
   – terminam em ditongo.
   – terminam em r-x-n-l.
d. A maioria dos hiatos têm acento gráfico. Uma exceção: quando são seguidos de "nh".

Prática

6-19. Justifique o acento gráfico ou a ausência do mesmo.

a. Pátio
Justifique ____
b. Arquitetura
Justifique ____
c. Sensível
Justifique ____
d. Prática
Justifique ____
e. Rainha
Justifique ____

6-20. Decida se as palavras abaixo têm acento gráfico. Justifique sua decisão.

a. Projeto
Justifique ____
b. Saude
Justifique ____
c. Dificil
Justifique ____
d. (ele) pratica
Justifique ____
e. Predio
Justifique ____

6-21. Acentuação. Acentue de acordo com a necessidade e justifique sua resposta.

Triste Bahia

Triste Bahia! O quão dessemelhante
Estás e estou do nosso antigo estado!
Pobre te vejo a ti, tu a mi empenhado,
Rica te vi eu ja, tu a mi abundante.

A ti trocou-te a maquina mercante,
Que em tua larga barra tem entrado,
A mim foi-me trocando, e tem trocado,
Tanto negócio e tanto negociante.

Deste em dar tanto açúcar excelente
Pelas drogas inúteis, que abelhuda
Simples aceitas do sagaz Brichote.

Oh se quisera Deus que de repente
Um dia amanheceras tão sisuda
Que fora de algodão o teu capote!

Gregório de Matos

Para saber e praticar mais? Consulte o Caderno de Produção.

Expansão. Caetano Veloso musicou este poema. Encontre a letra e a música e traga-as para a classe. Discuta as mudanças que Caetano introduziu e como um poema do século XVII faz sentido no século XXI.

Ler é viver através de outros olhares (II)

Aquecimento

6-22. Definições. Complete as sentenças abaixo com as seis palavras em destaque. Lembre-se de conjugar os verbos e fazer as concordâncias caso seja preciso.

militar – carecer – moeda – consertar – elogiar – ferramenta

a. Estas crianças ________________ de tudo.
b. Temos que parar de queixar-nos e ________________ mais as crianças para aumentar a autoestima delas.
c. Para piorar, meu dinheiro tinha acabado e havia apenas uma ________________ no bolso.
d. Tentei ________________ uma pia, mas não tinha ________________.

Arquitetura e militância

Clémence: Quais são os seus interesses atuais?

Marcelo: Eu vou publicar um livro agora no final do ano que reúne uma série de artigos sobre arquitetura. Estou escrevendo uma nota prévia para explicar por que incluo na coletânea artigos de vinte anos atrás. Também explico por que o livro vai se chamar *Arquitetura conversável*. Os meus artigos sempre tratam das duas faces da mesma moeda: a paixão ou a indignação. Quase todos eles são artigos um pouco indignados. Indignados com a situação da cidade, com a situação que a gente encontra por aí, que poderia estar muito melhor, que poderia melhorar. Quer dizer que carece de trabalho de arquiteto para valer, para consertar, para fazer a vida das pessoas melhor. Ou são artigos de outra natureza, casos que a gente sempre elogia muito, que são exemplos muito bons de coisas boas acontecendo. Então, eu sempre fiquei entre a paixão e a indignação. Eu acho que esses dois termos são o combustível para quem milita nessa profissão da arquitetura, para quem é arquiteto.

Clémence: Então, ser arquiteto é ser militante?

Marcelo: É... a arquitetura é para mim a minha arma de guerra, é a minha ferramenta de ação. Eu podia ser jornalista ou escritor, mas, por acaso ou não por acaso, eu sou arquiteto. Hoje a arquitetura é uma ferramenta de ação para tentar mudar a vida das pessoas para melhor. Eu tenho essa noção de que é uma profissão muito intrusiva, que muda o comportamento das pessoas. Então, a primeira coisa é que os arquitetos têm que estar conscientes do papel da arquitetura e de quanto essa profissão é importante. Ela mexe com a vida dos outros. É diferente das outras profissões; o artista plástico pode pintar e não expor, um escritor pode escrever e não publicar, mas o arquiteto não tem essa opção. Ele constrói algo e aquilo vai ser para sempre ou vai durar pelo menos um bom tempo.

Refletindo sobre a leitura

6-23. Dê sua opinião sobre a afirmação de Marcelo de que a arquitetura "é uma profissão muito intrusiva, que muda o comportamento das pessoas".

6-24. Discuta a efemeridade de certas artes e a perenidade de outras, por exemplo, a arquitetura x a dança.

6-25. Marcelo diz que a arquitetura é a sua ferramenta de ação. Caso você tenha uma, o que considera ser sua ferramenta de ação?

6-26. O que sugere o título do próximo livro de Marcelo, *Arquitetura conversável*?

A vida em arte

6-27. Você acha que a arquitetura de um país reflete a identidade de seu povo? Justifique sua resposta e dê exemplos.

6-28. Em que época você acha que o edifício acima retratado foi construído? Por quê? Em que país você acha que esse edifício se encontra?

6-29. Você se identifica com a arquitetura do edifício na fotografia? Justifique sua resposta.

Intervalo para a gramática (III)

Futuro do subjuntivo

O futuro do subjuntivo é usado para exprimir a possibilidade de realizar algo no futuro. O presente do subjuntivo também é empregado às vezes para expressar o futuro. No entanto, as conjunções que desencadeiam o futuro do subjuntivo são completamente diferentes das que desencadeiam o presente do subjuntivo. Veja os exemplos abaixo:

Caso você venha ao Rio, não deixe de comer uma deliciosa feijoada.

Se você vier ao Rio, não deixe de comer uma deliciosa feijoada.

Ambas as conjunções querem dizer o mesmo (*if* em inglês). No entanto, "caso" pertence a um registro bem mais formal do que "se".

Formas

A maneira mais fácil de chegar às formas do futuro do subjuntivo é tomar a terceira pessoa do plural do pretérito perfeito do indicativo como ponto de partida e eliminar o **-am** final.

Exemplo:

Pretérito perfeito do verbo "querer"	Futuro do subjuntivo
Eu quis	quando eu quiser
Tu quiseste	quando tu quiseres
Você quis	quando você quiser
Nós quisemos	quando nós quisermos
Vocês quiser**am**	quando vocês quiserem

Conjunções usadas com mais frequência antes do futuro do subjuntivo:

Assim que
Logo que
Depois que
Enquanto
Sempre que
Todas as vezes que
Conforme
Como
Quando
Se

Prática

6-30. Raio X da turma. Encontre alguém na turma que...

a. quando chegar ao Rio irá a um show na praia. ______________

b. quando estiver em Lisboa, irá a um show de fado. ______________

c. se for ao Brasil certamente irá a Brasília para apreciar a arquitetura da capital federal. ______________

d. se não tiver muita coisa para fazer acaba não fazendo nada. ______________

e. depois de ouvir falar tanto em escultura e arquitetura nesta unidade, acha que sempre que vir uma escultura ou um projeto arquitetônico diferente vai se lembrar deste curso. ______________

6-31. Entreviste o/a colega começando pela sentença incompleta reproduzida abaixo. Em seguida, faça mais quatro perguntas lançando hipóteses sobre possíveis atividades a serem feitas pelo/a colega durante o verão. Use o futuro do subjuntivo:

a. Se você for ao Rio de Janeiro este verão...
Resposta do colega: ______________________________
b. ______________________________
Resposta do colega: ______________________________
c. ______________________________
Resposta do colega: ______________________________
d. ______________________________
Resposta do colega: ______________________________
e. ______________________________
Resposta do colega: ______________________________

6-32. Visitando um país lusófono. Um amigo seu quer visitar um país lusófono. Levante oito hipóteses sobre quatro países cogitando o que ele poderá fazer, encontrar, comprar, visitar etc.

Exemplo: Se você for à Madeira, poderá ficar em hotéis elegantes. Logo que você tiver tempo, não deixe de experimentar os vinhos da região.

a. ______________________________
b. ______________________________
c. ______________________________
d. ______________________________
e. ______________________________
f. ______________________________
g. ______________________________
h. ______________________________

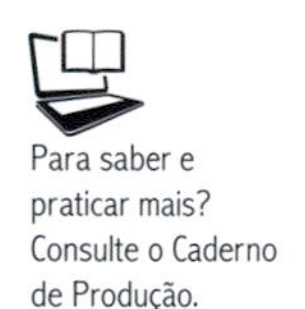

Para saber e praticar mais? Consulte o Caderno de Produção.

Ler é viver através de outros olhares (III)

Aquecimento

6-33. Termos de arquitetura e engenharia civil. Mais adiante, vamos ler um texto que nos revelará muito sobre o pensamento arquitetônico contemporâneo. Procure em um dicionário monolíngue os significados das palavras abaixo:

Arranha-céu ______________________________

Balcões ______________________________

Cimento armado ______________________________

Capitel ______________________________

Consola ______________________________

Consolo ______________________________

Cornijas ______________________________

Fios de arame ______________________________

Pedra de talho ______________________________

Pilastra ______________________________

Sacada de pedra ______________________________

Viga ______________________________

6-34. Classificando. Os termos acima fazem parte da vida tanto dos engenheiros quanto dos arquitetos. Há, no entanto, termos mais utilizados por uns do que por outros. Encontre dois termos "mais de engenharia" e dois termos "mais de arquitetura".

Engenharia

Arquitetura

6-35. A palavra está com você. Escolha mais dois termos da lista do primeiro exercício – obviamente, termos que você não tenha ainda classificado como sendo de "engenharia" ou de "arquitetura". Faça frases completas com esse vocabulário.

Engenharia
Termo 1: ______________________________ ______________________________
Frase: ______________________________ ______________________________
Termo 2: ______________________________ ______________________________
Frase: ______________________________ ______________________________

Arquitetura
Termo 1: ______________________________ ______________________________
Frase: ______________________________ ______________________________
Termo 2: ______________________________ ______________________________
Frase: ______________________________ ______________________________

6-36. Encontre, na coluna da direita, os antônimos das palavras que estão na coluna da esquerda.

a.	Impiedosa	( ) anteceder
b.	Estreita	( ) ajudar
c.	Quente	( ) clemente
d.	Base	( ) fria
e.	Suceder	( ) larga
f.	Cara	( ) alto
g.	Prejudicar	( ) barata

6-37. Você prefere arquitetura clássica ou moderna? Por quê?

____

____

____

Acerca da arquitetura moderna

A nossa compreensão de beleza, as nossas exigências quanto à mesma, fazem parte da ideologia humana e evoluem incessantemente com ela, o que faz com que cada época histórica tenha sua lógica de beleza. Assim, por exemplo, ao homem moderno, acostumado às formas e linhas dos objetos familiares que o rodeiam, os mesmos objetos pertencentes às épocas passadas parecem obsoletos e às vezes ridículos.

Observando as máquinas do nosso tempo, automóveis, vapores, locomotivas etc., nelas encontramos, a par da racionalidade da construção, também uma beleza de formas e de linhas. Verdade é que o progresso é tão rápido que tipos de tais máquinas, criados ainda ontem, já nos parecem imperfeitos e feios.

Essas máquinas são construídas por engenheiros, os quais, ao concebê-las, são guiados apenas pelo princípio da economia e comodidade, nunca sonhando em imitar algum protótipo. Esta é a razão por que as nossas máquinas modernas trazem o verdadeiro cunho de nosso tempo.

A coisa é muito diferente quando examinamos as máquinas para habitação – edifícios. Uma casa é, no final das contas, uma máquina cujo aperfeiçoamento técnico permite, por exemplo, uma distribuição racional de luz, calor, água fria e quente etc. A construção desses edifícios é concebida por engenheiros, tomando-se em consideração o material de construção da nossa época, o cimento armado. Já o esqueleto de um tal edifício poderia ser um monumento característico da arquitetura moderna, como o são também pontes de cimento armado e outros trabalhos, puramente construtivos, do mesmo material.

E esses edifícios, uma vez acabados, seriam realmente monumentos de arte da nossa época, se o trabalho do engenheiro construtor não se substituísse em seguida pelo do arquiteto decorador. É aí que, em nome da ARTE, começa a ser sacrificada a arte. O arquiteto, educado no espírito das tradições clássicas, não compreendendo que o edifício é um organismo construtivo cuja fachada é sua cara, prega uma fachada postiça, imitação de algum velho estilo, e chega muitas vezes a sacrificar nossas comodidades por uma beleza ilusória. Uma bela concepção do engenheiro, uma arrojada sacada de cimento armado sem colunas ou consolos que a suportem, logo é disfarçada por meio de frágeis consolas portiças, asseguradas com fios de arame, as quais aumentam inútil e estupidamente tanto o peso como o custo da construção.

Do mesmo modo, cariátidas suspensas, numerosas decorações não construtivas, como também abundância de cornijas que atravessam o edifício, são coisas que se observam a cada passo na construção de casas nas cidades modernas. É uma imitação cega da técnica da arquitetura clássica, com essa diferença, que o que era tão só uma necessidade construtiva ficou agora um detalhe inútil e absurdo. As consolas serviam antigamente de vigas para os balcões, as colunas e cariátidas suportavam realmente as sacadas de pedra. As cornijas serviam de meio estético preferido da arquitetura clássica para que o edifício, construído inteiramente de pedra de talho, pudesse parecer mais leve em virtude de proporções achadas entre as linhas horizontais. Tudo isso era lógico e belo, mas não é mais.

O arquiteto moderno deve estudar a arquitetura clássica para desenvolver seu sentimento estético e para que suas composições reflitam o sentimento do equilíbrio e medida, sentimentos próprios à natureza humana. Estudando a arquitetura clássica, poderá ele observar quanto os arquitetos de épocas antigas porém fortes, sabiam corresponder às exigências daqueles tempos. Nunca nenhum deles pensou em criar um estilo, eram apenas escravos do espírito do seu tempo. Foi assim que se criaram, espontaneamente, os estilos de arquitetura conhecidos não somente por monumentos conservados – edifícios – como também por objetos de uso familiar colecionados pelos museus. E é de se observar que esses objetos de uso familiar são do mesmo estilo que as casas onde se encontram, havendo entre si perfeita harmonia. Um carro de cerimônia traz as mesmas decorações que a casa de seu dono.

Encontrarão os nossos filhos a mesma harmonia entre os últimos tipos de automóveis e aeroplanos de um lado e a arquitetura das nossas casas do outro? Não, e esta harmonia não poderá existir enquanto o homem moderno continuar a sentar-se em salões estilo Luís tal ou em salas de jantar estilo Renaissance, e não ponha de lado os velhos métodos de decoração das construções.

Vejam as clássicas pilastras, com capitéis e vasos, estendidas até o último

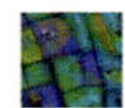

andar de um arranha-céu, numa rua estreita das nossas cidades! É uma monstruosidade estética! O olhar não pode abranger de um golpe a enorme pilastra, vê-se a base e não se pode ver o alto. Exemplos semelhantes não faltam.

O homem moderno, num meio de estilos antiquados, deve sentir-se como num baile fantasiado. Um jazz-band com as danças modernas num salão estilo Luís XV, um aparelho de telefonia sem fio num salão estilo Renaissance, é o mesmo absurdo como se os fabricantes de automóveis, em busca de novas formas para as máquinas, resolvessem adotar a forma do carro dos papas do século XIV.

Para que a nossa arquitetura tenha seu cunho original, como o têm as nossas máquinas, o arquiteto moderno deve não somente deixar de copiar os velhos estilos, como também deixar de pensar no estilo. O caráter da nossa arquitetura, como das outras artes, não pode ser propriamente um estilo para nós, os contemporâneos, mas sim para as gerações que nos sucederão.

A nossa arquitetura deve ser apenas racional, deve basear-se apenas na lógica e esta lógica devemos opô-la aos que estão procurando por força imitar na construção algum estilo. É muito provável que este ponto de vista encontre uma oposição encarniçada por parte dos adeptos da rotina. Mas também os primeiros arquitetos do estilo Renaissance, bem como os trabalhadores desconhecidos que criaram o estilo gótico, os quais nada procuravam senão o elemento lógico, tiveram que sofrer uma crítica impiedosa de seus contemporâneos. Isso não impediu que suas obras constituíssem monumentos que ilustram agora os álbuns da história da arte.

Aos nossos industriais, propulsores do progresso técnico, incumbe o papel dos Medici na época da Renascença e dos Luíses da França. Os princípios da grande indústria, a estandardização de portas e janelas, em vez de prejudicar a arquitetura moderna, só poderão ajudar o arquiteto a criar o que, no futuro, se chamará o estilo do nosso tempo. O arquiteto será forçado a pensar com maior intensidade, sua atenção não ficará presa pelas decorações de janelas e portas, buscas de proporções etc. As partes estandardizadas do edifício são como tons de música dos quais o compositor constrói um edifício musical.

Construir uma casa a mais cômoda e barata possível, eis o que deve preocupar o arquiteto construtor da nossa época de pequeno capitalismo, onde à questão de economia predominam todas as mais. A beleza da fachada tem que resultar da racionalidade do plano da disposição interior, como a forma da máquina é determinada pelo mecanismo que é a sua alma.

O arquiteto moderno deve amar sua época, com todas as suas grandes manifestações do espírito humano, como a arte do pintor moderno, compositor moderno ou poeta moderno, deve conhecer a vida de todas as camadas da sociedade. Tomando por base o material de construção de que dispomos, estudando-o e conhecendo-o como os velhos mestres conheciam sua pedra, não receando exibi-lo no seu melhor aspecto do ponto de vista de estética, fazendo refletir em suas obras as idéias do nosso tempo, a nossa lógica, o arquiteto moderno saberá comunicar à arquitetura um cunho original, cunho nosso, o qual será talvez tão diferente do clássico como este o é do gótico. Abaixo as decorações absurdas e viva a construção lógica, eis a divisa que deve ser adotada pelo arquiteto moderno.

Gregori Warchavchik
(Correio da Manhã, 1°/11/1925)

Refletindo sobre a leitura

6-38. Segundo o autor, quem está mais sintonizado com os tempos? O engenheiro ou o arquiteto? Por quê?

____

____

____

____

____

____

____

____

____

____

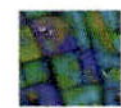

6-39. O narrador elenca uma série de coisas que o arquiteto deve ou não deve fazer. Dê dois exemplos de cada.

O arquiteto deve:

Exemplo 1:

____

____

____

____

Exemplo 2:

____

____

____

____

O arquiteto não deve:

Exemplo 1:

____

____

____

____

Exemplo 2:

____

____

____

____

Dando voltas às palavras

6-40. Visite novamente o vocabulário das leituras I, II, III e do áudio. Escolha no mínimo cinco palavras ou expressões e construa suas próprias frases.

____

____

____

____

____

____

____

____

Cenários

6-41. Traga para a sala de aula uma fotocópia de uma escultura que você admira por qualquer razão. Ao lado da imagem de cada escultura vamos colocar um papel em branco. Cada aluno vai escrever algo sobre aquela escultura. Depois, vamos conversar em grupo sobre os comentários escritos.

6-42. Descreva um projeto arquitetônico com o qual você se relaciona e as razões da sua escolha. Pode ser um edifício famoso ou a cozinha da sua casa. Traga uma imagem desse projeto para a sala de aula.

Debates

6-43. Alguns projetos arquitetônicos causaram muita polêmica. Pense em um destes projetos que causou muita polêmica – pode ser em qualquer lugar do mundo. Metade da turma vai se posicionar a favor do projeto e a outra metade contra.

6-44. Uma escultura pode ser feita de muitos materiais diferentes. Uma vez dividida a classe em vários grupos, cada grupo terá de escolher um material para fazer uma escultura e defender o uso desse material como sendo o melhor perante a turma.

Portfólio

6-45. Escolha uma escultura e um edifício que você acha que se relacionam tematicamente, visualmente ou em termos do contexto histórico. Escreva um pequeno texto explicando por que, na sua opinião, essas duas expressões artísticas estão relacionadas. Traga o texto e as imagens para a sala de aula e depois coloque tudo no seu portfólio.

Encontre uma escultura que o/a emociona de alguma maneira. Pode ser uma escultura famosa ou não. Escreva um pequeno poema sobre essa escultura (assim como fez Jamaveira) e junte uma foto da escultura ao seu poema sobre a mesma.

Unidade 7

Poesia: a arte da concisão

Imagem: Patricia Sobral. Arte: Regina Pisani.

Primeiros acordes

7-1. **Associando palavras e pensamentos.** Escreva todas as palavras que lhe vêm à mente ao ouvir a palavra "poesia". Compare suas notas com as de um/a colega e depois compartilhem os resultados com a turma.

____

____

____

O que é poesia?

"Poesia é invenção da verdade. Poesia é comunicação… a sós."

~Mário Quintana

"Poesia é voar fora da asa."

~Manoel de Barros

"Aprendi com meu filho de dez anos / Que a poesia é a descoberta / Das coisas que nunca vi."

~Oswald de Andrade

"Poesia não é literatura. É arte, mais para o lado da música e das artes plásticas."

~Paulo Leminski

7-2. Definições de poesia. Com quais das afirmações citadas você mais concorda? Numere a lista abaixo de 1 a 4, sendo (1) "muito" e (4) "nada ou quase nada".

( ) "Poesia é invenção da verdade. Poesia é comunicação... a sós."

( ) "Poesia é voar fora da asa."

( ) "Aprendi com meu filho de dez anos / Que a poesia é a descoberta / Das coisas que nunca vi."

( ) "Poesia não é literatura. É arte, mais para o lado da música e das artes plásticas."

7-3. Trocando ideias. Em duplas, discutam as escolhas que vocês fizeram no exercício anterior. Em seguida, façam um resumo da discussão que tiveram para toda a turma. De preferência, fale sobre seu/sua colega e vice-versa.

7-4. Momento biográfico

a. Você escreve poesia? Em caso negativo, por que não? Em caso positivo, desde quando? Geralmente quando e onde você escreve? Em quais línguas você escreve?

b. Que tipo de poesia você lê? Quais são os seus poetas preferidos? Em quais línguas?
c. Você já leu ou dramatizou poemas em público? Quando e onde? Gostou ou não da experiência?

Intervalo para a gramática (I)

Tempos compostos do subjuntivo

A boneca "matriosca" é uma boa metáfora do uso do subjuntivo composto. Por quê? Porque, assim como a bonequinha russa trabalha para hierarquizar as formas, os subjuntivos compostos trabalham no sentido de hierarquizar acontecimentos no passado e no futuro.

Em português há três tempos compostos no subjuntivo:

Presente	Pretérito
Forma: verbo auxiliar no presente do subjuntivo + particípio passado do verbo principal **Exemplo:** Embora tenha gostado da leitura dos poemas de Salgado Maranhão, acredito que teria preferido ler os poemas antes de ouvi-los. **Uso:** para hierarquizar acontecimentos no passado. Expressa um fato totalmente terminado num momento passado, mas deixa claro que houve uma instância de hierarquização temporal.	**Forma:** verbo auxiliar no imperfeito do subjuntivo + particípio passado do verbo principal **Exemplo:** Se Maria Paula tivesse lido mais poesia, sua velhice teria sido menos amarga. **Uso:** para hierarquizar acontecimentos no passado. Expressa um fato ocorrido antes de outro fato já terminado.

Futuro

Forma: verbo auxiliar no futuro do subjuntivo + particípio passado do verbo principal

Exemplo: Quando tivermos acabado de usar este livro, estaremos todos falando português melhor e, sobretudo, teremos entendido um pouco mais da cultura lusófona.

Uso: Enuncia um fato posterior ao momento atual, mas já terminado antes de outro fato futuro.

 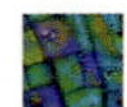

Prática

7-5. Andando em círculos. Encontre alguém na turma que

a. se tivesse sido consultado/a, teria sugerido às autoras que retirassem a unidade de poesia do livro. ________________

b. quando tiver terminado todas as aulas de hoje, vai procurar poemas em português na internet. ________________

c. ainda que tenha lido muita poesia ao longo da vida, não tinha lido poesia em língua portuguesa. ________________

d. se tivesse sabido algo sobre a riqueza da poesia em língua portuguesa, teria feito mais cursos de literatura lusófona no departamento. ________________

e. assim que tiver concluído o semestre, escreverá poemas. ________________

7-6. Relacione a coluna da direita com a da esquerda.

a. Assim que eu tiver concluído o semestre,	( ) teria feito um doutorado em literatura portuguesa.
b. Logo que eu me formar em medicina,	( ) irei para Timor Leste.
c. Se vocês tivessem me perguntado,	( ) queremos decorar mais.
d. Ainda que nós tenhamos decorado vários poemas de Camões,	( ) eu lhes teria dito que, indo à Índia, vocês poderiam falar português em Goa.
e. Caso você tenha férias em julho,	( ) não deixe de ir a Portugal.
f. Talvez se eu tivesse lido Pessoa quando mais jovem,	( ) trabalharei em Guiné-Bissau.

7-7. Entrevista. Em seguida, faça mais quatro perguntas levantando hipóteses sobre possíveis atividades a serem feitas pelo/a colega durante o verão. Use os três tempos compostos do subjuntivo.

a. Quando tivermos tomado uma decisão...
Resposta ________________________________

b. ________________________________
Resposta ________________________________

c. ________________________________
Resposta ________________________________

d. ________________________________
Resposta ________________________________

e. ______________________________

Resposta: ______________________________

f. ______________________________

Resposta: ______________________________

g. ______________________________

Resposta: ______________________________

h. ______________________________

Resposta ______________________________

Para saber e praticar mais? Consulte o Caderno de Produção.

Ler é viver através de outros olhares (I)

Aquecimento

7-8. No tempo e no espaço de poetas lusófonos. Identifique quando e onde viveu cada um deles.

	Onde nasceram e moraram? Quais os lugares por onde passaram?	Quando nasceram? Se já faleceram, quando foi?
Camões		
Carlos Drummond de Andrade		
Gonçalves Dias		
Fernando Pessoa		
Ferreira Gullar		
Maiakóvski		
Manoel Bandeira		
Torquato Neto		

7-9. Definições. Relacione a coluna da direita com a da esquerda.

a. lúdico ( ) antigo, primeiro, primitivo

b. pecaminoso/a ( ) tudo que se refere a jogos e brincadeiras

c. primevo ( ) voz lamentosa de animais como o lobo e o coiote

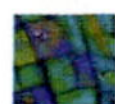

d.	rachar	( ) pessoa/objeto que transgride preceitos religiosos
e.	rascante	( ) dividir, abrir fendas, fragmentar, lascar
f.	uivo	( ) algo áspero que parece arranhar

7-10. Antônimos. Quais são os antônimos das palavras abaixo? Faça a correspondência entre as colunas da direita e da esquerda.

a.	fascínio	( ) salgado
b.	doce	( ) puro
c.	pecaminoso	( ) previsto, esperado
d.	improvisado	( ) aversão, repulsa

Depoimento de Salgado Maranhão

Escrevo poemas por pura rebeldia diante da dor e fascínio ante a beleza e o inabordável. Ao lado da dança, é a forma mais primeva e econômica de expressão. Tão simples e impactante como um uivo ou gesto corporal. Quando criança, no semiárido nordestino, onde nasci, encantava-me com os repentistas e com seus improvisos rascantes como suas caras rachadas de sol. Já em Teresina (capital do estado do Piauí), descobri Camões, Gonçalves Dias, Manoel Bandeira, Fernando Pessoa, João Cabral, Drummond, Maiakóvski, Ferreira Gullar, Torquato Neto e tantos outros, e nunca mais fui o mesmo. Fui possuído pelo pacto da poesia e sua doce tragicidade. Ser poeta não é apenas uma atitude literária lúdica, mas um defeito que ilumina, uma tangência irmanada com a lúcida loucura. Não se trata apenas de dizer verdades, mas, sobretudo, de inventar verdades. E essa natureza pecaminosa e transgressora que a língua tem foi o que me atraiu para este caminho sem volta. O coração de um poeta sobrevive em constante inquietação, como um tornado de palavras ou um vulcão que jamais adormece.

Salgado Maranhão

Refletindo sobre a leitura

7-11. Quais dos poetas acima são de fala portuguesa?

7-12. Quais outras línguas estão representadas pelos poetas citados no depoimento?

7-13. Por que Salgado Maranhão compara a dança com a poesia? Você acredita que essa comparação é válida?

7-14. Salgado Maranhão diz que escreve "poemas por pura rebeldia diante da dor e fascínio ante a beleza e o inabordável". Você escreve? Se escreve, por que o faz?

7-15. O que ou quem são repentistas? Pesquise.

7-16. O que você acha do comentário de que o ofício de ser poeta trata não apenas de dizer verdades, mas sobretudo de inventar verdades? Você pode relacionar essa pergunta, se quiser, com o poema de Fernando Pessoa, *Autopsicografia* (1930):

> O poeta é um fingidor
> Finge tão completamente
> Que chega a fingir que é dor
> A dor que deveras sente.
>
> E os que leem o que escreve,
> Na dor lida sentem bem,
> Não as duas que ele teve,
> Mas só a que eles não têm.
>
> E assim nas calhas de roda
> Gira, a entreter a razão,
> Esse comboio de corda
> Que se chama coração.

7-17. Salgado Maranhão obviamente se alimentou de poesia quando era jovem, a tal ponto que disse que nunca mais foi o mesmo depois que leu certos poetas. Do que você se alimentou quando era mais jovem? Do que você se alimenta agora?

 No estúdio – Entrevistando Chacal

Aquecimento

7-18. Encontrando palavras e movimentos

a. Quem são alguns dos grandes nomes do movimento modernista no Brasil?

b. Quem foi Oswald de Andrade e qual foi e continua sendo a importância dos manifestos Antropófago e Pau-Brasil?

c. Herman Hesse e Carlos Castanheda são originários de quais países? Você já leu alguma coisa que eles escreveram? Sobre o que eles escrevem?

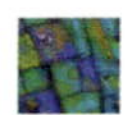

Melodias da língua. Agora ouça a gravação.

7-19. Chacal claramente tem sua própria maneira de se relacionar com a poesia e uma relação estreita com a palavra. Como você pode descrever a relação de Chacal com a poesia? Com que tipo de poesia você acha que Chacal não se relaciona?

7-20. Qual é a receita de Chacal para a poesia?

Intervalo para a gramática (II)

Advérbios

Forma: a regra geral para formar um advérbio é bastante simples: colocar um adjetivo na forma feminina e acrescentar o sufixo **-mente**.	**Uso:** Os advérbios são palavras invariáveis em gênero e número, mas variáveis em grau; modificam verbos, adjetivos e outros advérbios.
Observação 1: quando ocorrem dois ou mais advérbios em **-mente**, normalmente apenas o último é sufixado. **Exemplo:** Ela leu sua poesia *calma e lindamente*.	**Observação 2:** não confunda advérbio com pronome indefinido. Há palavras que, dependendo do contexto, podem ser advérbios ou pronomes indefinidos. **Exemplos:** Eu li *muito*. (Refere-se a um verbo – não flexiona.) *Muitos* vão ao teatro.

Locuções adverbiais

São duas ou mais palavras com função de advérbio: às claras, às pressas, de vez em quando, de quando em quando, de propósito, às vezes, ao acaso, de repente, de cor, de improviso, em breve, por atacado, em cima, por trás, para trás, de perto, sem dúvida etc.

Classificação dos advérbios

A Norma Gramatical Brasileira (NGB) postula que há sete grupos de advérbios na língua portuguesa: de lugar, de tempo, de modo, de negação, de dúvida, de intensidade e de afirmação.

Prática

7-21. Reúnam-se em grupos de três ou quatro. Seu/Sua professor/a vai dar para cada grupo uma série de cartões com adjetivos escritos em cada um deles. Todos os cartões devem permanecer virados para baixo. Os grupos serão chamados um após o outro. Quando for a vez de seu grupo, você ou um colega virará o cartão onde poderá, por exemplo, constar os adjetivos "bobo" ou "interessante". Alguém no grupo tem de dizer, em menos de 30 segundos, uma ou duas sentenças que contenham os dois adjetivos transformados em advérbios. Se ninguém conseguir elaborar duas sentenças coerentes e corretas do ponto de vista gramatical, o grupo perde pontos e tem de passar a palavra a outro grupo. Se alguém fizer as frases corretamente, o grupo ganha pontos e passa a palavra a outro grupo.

Exemplo: Previsível ou inesperadamente? O fato é que o destino os uniu.

7-22. Em duplas, construam seis frases usando muito como advérbio.

a.
b.
c.
d.
e.

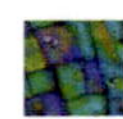

7-23. Agora todos devem escrever suas frases no quadro, deixando uma lacuna no lugar do advérbio. O/A professor/a vai dividir a turma em dois grupos e entregar uma folha para cada grupo; o grupo que preencher o maior número corretamente e em menos tempo será o vencedor.

Para saber e praticar mais? Consulte o Caderno de Produção.

Ler é viver através de outros olhares (II)

Aquecimento

7-24. **Solução para as rimas.** Encontre palavras que rimem com as seguintes palavras:

amigo
levado
temor
cedo

7-25. **Para pesquisar.** O que é uma cantiga de amigo? Você conhece outros tipos de cantigas? De que século são as cantigas?

7-26. **Para pesquisar.** As cantigas são textos escritos ou orais?

Cantiga de amigo de Martim Codax (paralelística)

	Paráfrase
Ondas do mar de Vigo, se vistes meu amigo! *E ai Deus, se verra cedo!*	Ondas do mar de Vigo Se vires meu namorado! Por Deus, (digam) se virá cedo!
Ondas do mar levado, se vistes meu amado! *E ai Deus, se verra cedo!*	Ondas do mar revolto, Se vires o meu namorado! Por Deus, (digam) se virá cedo!
Se vistes meu amigo, o por que eu sospiro! *E ai Deus, se verra cedo!*	Se vires meu namorado, Aquele por quem eu suspiro! Por Deus, (digam) se virá cedo!
Se vistes meu amado, por que hei gran cuidado! *E ai Deus, se verra cedo!*	Se vires meu namorado Por quem tenho grande temor! Por Deus, (digam) se virá cedo!

Refletindo sobre a leitura

7-27. Identifique algumas das diferenças entre o português antigo e o português atual.

7-28. Quem é o "eu" poético dessa cantiga?

7-29. Quais são os temas centrais dessa cantiga?

7-30. Você prefere poemas/cantigas com rimas e o mesmo número de sílabas ou versos livres e brancos? Por quê?

7-31. As cantigas têm algum parente distante na produção artística contemporânea? Em outras palavras, as cantigas o/a fazem lembrar de poemas ou músicas atuais?

A vida em arte

7-32. Você acha que a poesia deve ser sobre grandes acontecimentos, a vida cotidiana, o amor ou a vida pessoal?

7-33. As imagens podem ser usadas como fonte de inspiração para a poesia. O que mais pode ser uma fonte de inspiração?

7-34. Observe a imagem abaixo. Ela pode ser um ponto de partida, uma inspiração. Essa imagem das botas faz você pensar em quê?

7-35. Se você tivesse que escrever um minipoema sobre essas botas, o que você escreveria?

 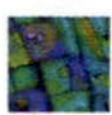

Intervalo para a gramática (III)

Crase

Crase é a fusão da preposição "a" com o artigo definido "a(s)". Graficamente é representada por um acento grave: **à**. A crase ocorre quando há um termo que exige a preposição **a** e outro termo que aceita o artigo **a.**

Uma dica para termos certeza de que é preciso usar a crase é substituir a palavra feminina por uma masculina correspondente. Caso apareça **ao** ou **aos** diante de palavras masculinas, então com certeza há crase.

> "Fujo sempre **à** hipocrisia." Luís Gama
>
> Fujo sempre **aos** hipócritas.

Não ocorre a crase

a. antes de verbo	"Luís Gama aprendeu **a** escrever aos dezessete anos."
b. antes de palavras masculinas	"No século XIX as pessoas andavam **a** pé ou **a** cavalo."

Prática

7-36. Leia as frases abaixo e craseie quando e se for necessário.

a. Eu fui a praia no domingo passado e aprendi a jogar frescobol.
b. Ele nunca anda a cavalo; ele prefere andar a pé.
c. Eu não vou ao cinema essa semana. Tenho muitas coisas a terminar.
d. Vou fazer as compras no supermercado. Depois vou a casa para guardar as compras. Quero ver se ainda consigo ir a ginástica depois de terminar tudo isso.
e. Preciso telefonar a minha irmã as oito da noite.

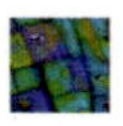

7-37. Leia o parágrafo a seguir e craseie quando necessário. Justifique.

Todos os dias quando ia a praia, pontualmente as seis horas da tarde, para passear a minha cachorrinha, invariavelmente me deparava com um homem estranho. Sentado a beira do mar, ele fumava olhando a fotografia de uma moça com o cabelo a *la garçonne*. A vida parecia lhe escorrer pelos olhos, tamanhas eram as lágrimas dele. Eu ficava imaginando a ligação entre o homem e a fotografia. Nunca perguntei nada a esse estranho. Todos os dias, recolhia a minha cachorrinha e virávamos as costas para esse homem e voltávamos as nossas vidas.

7-38. Crie cinco frases que necessitem de crase.

a. ______________________________

b. ______________________________

c. ______________________________

d. ______________________________

e. ______________________________

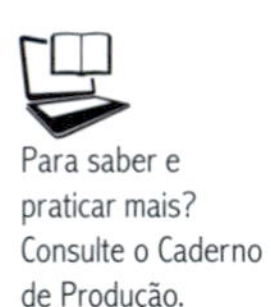

Para saber e praticar mais? Consulte o Caderno de Produção.

Ler é viver através de outros olhares (III)

Aquecimento

7-39. Definições. Relacione as palavras da coluna da direita com as da esquerda.

a. berrar	( ) loucura
b. bode	( ) animal, macho da cabra
c. torvelinho	( ) de cor cinza
d. sandice	( ) corrupção
e. cinzento	( ) acometer com os chifres, dar cabeçadas
f. marrar	( ) gritar, vociferar, chamar em altos brados

Bodarrada: nome popular do poema *Quem sou eu?*, escrito por Luís Gama e publicado em 1859. "Bode" é o apelido com que tentavam ridicularizar os que, assim como Gama, eram negros.

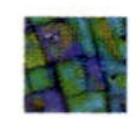

Trecho de *Quem sou eu?*

Amo o pobre, deixo o rico,
Vivo como o Tico-tico;
Não me envolvo em torvelinho,[1]
Vivo só no meu cantinho;
Da grandeza sempre longe
Como vive o pobre monge.
Tenho mui poucos amigos,
Porém bons, que são antigos,
Fujo sempre à hipocrisia,
À sandice, à fidalguia;
[...]

Digo muito disparate,
Mas só rendo obediência
À virtude, à inteligência:
Eis aqui o Getulino[2]
[...]
Se negro sou, ou sou bode
Pouco importa. O que isto pode?

Bodes há de toda casta
Pois que a espécie é muito vasta...
Há cinzentos, há rajados,
Baios,[3] pampas[4] e malhados,
Bodes negros, bodes brancos,
E, sejamos todos francos,
Uns plebeus e outros nobres.
Bodes ricos, bodes pobres,
Bodes sábios importantes,
E também alguns tratantes...
Aqui, nesta boa terra,
Marram todos, tudo berra;

[...]
Haja paz, haja alegria,
Folgue e brinque a bodaria;
Cesse pois a matinada,[5]
Porque tudo é bodarrada!

Luís Gama

1 Corrupção
2 Luís Gama, vulgo Getulino
3 Moreno
4 Cavalo com o corpo todo malhado
5 Ruído forte

Refletindo sobre a leitura

7-40. No poema anterior há uma série de palavras com sentido negativo (hipocrisia) e outras com sentido positivo (virtude). Faça um levantamento dessas palavras e preencha o quadro abaixo conforme o modelo.

Palavras positivas	Palavras negativas
virtude	hipocrisia

7-41. Como você relaciona o título do poema com o poema em si? Explique a razão desse título.

7-42. Quais são os temas predominantes deste poema?

7-43. Esse poema foi escrito em 1859. Você acha que os temas do poema ainda são contemporâneos?

7-44. Identifique outros poetas da língua portuguesa que trataram ou tratam de temas semelhantes. Como eles diferem de Luís Gama? E na sua cultura? Que poetas trataram ou tratam de temas semelhantes?

 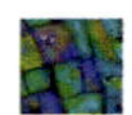

Dando voltas às palavras

7-45. Visite novamente o vocabulário das leituras I, II, III e do áudio. Escolha no mínimo cinco palavras ou expressões e construa suas próprias frases.

____

____

____

____

____

____

____

____

Cenários

7-46. Traga para a sala de aula um poema em português que o/a comoveu. Memorize o poema para declamar em sala de aula, estilo sarau literário. Se o poema for longo, memorize uma parte do poema.

7-47. Traga para a sala de aula uma imagem do seu/sua poeta/poetisa preferido/a. Descreva as razões de sua escolha.

Debates

7-48. Metade da turma vai defender a poesia como sendo a literatura na sua forma mais pura, mais concentrada, e a outra metade vai defender o ponto de vista de que a narrativa (conto e romance) é a forma mais pura.

7-49. A força da palavra poética pode revolucionar um país? Em outras palavras, a poesia é poderosa ou não diante de governos, ditaduras etc.? Metade da classe vai defender que sim e a outra metade que não.

Portfólio

7-50. Escreva um haicai em português. Coloque o haicai no seu portfólio.

Unidade 8

Teatro: a vida em cenas

Imagem: Patricia Sobral. Arte: René Nascimento.

Primeiros acordes

8-1. **Associando palavras e pensamentos.** Escreva todas as palavras que lhe vêm à mente ao ouvir a palavra "teatro". Compare suas notas com as de um/a colega e depois compartilhem os resultados com a turma.

___

___

___

O que é teatro?

"[...] eu descobri uma verdade jamais suspeitada: o teatro é a menos criada das artes, a mais incriada das artes."

~Nelson Rodrigues (1), dramaturgo brasileiro

"Ir ao teatro é como ir à vida sem nos comprometer."

~Carlos Drummond de Andrade, poeta brasileiro

"Não faço teatro para o povo, mas faço teatro em favor do povo. Faço teatro para incomodar os que estão sossegados. Só para isso faço teatro."

~Plínio Marcos,
dramaturgo brasileiro

"O único caminho que parece agora aberto é o da elitização do teatro. E este deve ser recusado, sob pena de transformarem-se os artistas em bobos da corte burguesa, ao invés de encontrarem no povo a sua inspiração e o seu destino."

~Nelson Rodrigues (2),
dramaturgo brasileiro

8-2. **Definições de teatro.** Com/quais das quatro afirmações citadas você mais concorda? Numere a lista abaixo de 1 a 4, sendo (1) "muito" e (4) "nada ou quase nada" com relação às afirmações de:

( ) Nelson Rodrigues (1)

( ) Carlos Drummond de Andrade

( ) Plínio Marcos

( ) Nelson Rodrigues (2)

8-3. Trocando ideias. Em duplas, discutam as escolhas que vocês fizeram no exercício anterior. Em seguida, façam um resumo da discussão que tiveram para toda a turma. De preferência, fale sobre seu/sua colega e vice-versa.

8-4. Momento biográfico

a. Você tem receio de se apresentar no palco? Você gosta de ser o centro das atenções?
b. Você já trabalhou em alguma peça de teatro? O que você achou da experiência?
c. Tem alguém na sua família que trabalha no teatro? Se sim, o que ele/ela faz?
d. Seu/Sua professor/a vai perguntar quem na turma se lembra do nome de duas peças que causaram um grande impacto. Prepare-se para justificar e comentar a razão desse impacto.

Intervalo para a gramática (I)

Preposição e regência

Preposição	
A preposição é uma palavra invariável que serve como ligação entre palavras e orações. Quando as palavras ou as orações forem ligadas por uma preposição, haverá uma relação de dependência, sendo um termo ou oração subordinante e o outro subordinado.	**Preposições essenciais** são as que sempre funcionam como preposições: a, ante, após, atrás, com, contra, de, desde, entre, para, perante, por, sem, sob, sobre etc.
Preposições acidentais são palavras de outras categorias gramaticais que, em determinados contextos, agem como preposições: afora, conforme, consoante, durante, exceto, salvo, segundo, visto.	**Locuções prepositivas** são duas ou mais palavras que exercem a função de preposição: acerca de, a fim de, apesar de, de acordo com, em vez de, junto de, para com, à procura de, à busca de, além de, antes de, depois de, à maneira de, junto de, junto a, a par de etc.

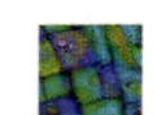

Regência

Regência verbal: alguns verbos e suas preposições

acreditar em (preposição + substantivo/preposição + infinitivo)
admirar-se de (preposição + substantivo/preposição + infinitivo)
apaixonar-se por (preposição + substantivo)
arrepender-se de (preposição + substantivo/preposição + infinitivo)
casar-se com (preposição + substantivo)
comunicar-se com (preposição + substantivo)
concordar com/em (preposição + substantivo/preposição + infinitivo)
conformar-se com/em (preposição + substantivo/preposição + infinitivo)
crer em (preposição + substantivo/preposição + infinitivo)
desconfiar de (preposição + substantivo)
desistir de (preposição + substantivo/preposição + infinitivo)
discordar de (preposição + substantivo/preposição + infinitivo)
fugir de (preposição + substantivo)
hesitar entre/em (preposição + substantivo/preposição + infinitivo)
insistir em (preposição + substantivo/preposição + infinitivo)
interessar-se por/em (preposição + substantivo/preposição + infinitivo)
lutar com, contra, por/para (preposição + substantivo/preposição + infinitivo)
morrer de (preposição + infinitivo/preposição + infinitivo)
orgulhar-se de (preposição + substantivo/preposição + infinitivo)
parecer-se com (preposição + substantivo)
pertencer a (preposição + substantivo)
preocupar-se com/em (preposição + substantivo/preposição + infinitivo)
referir-se a (preposição + substantivo)
rir de (preposição + substantivo)
sonhar com/em (preposição + substantivo/preposição + infinitivo)
telefonar a/para (preposição + substantivo)
viver de (preposição + substantivo)
zangar-se com/por (preposição + substantivo/preposição + infinitivo)

Regência nominal: alguns substantivos e suas preposições

admiração a, por (preposição + substantivo)
amor a (preposição + substantivo)
antipatia por, a (preposição + substantivo)
capacidade de, para (preposição + substantivo/preposição + infinitivo)
doutor em (preposição + substantivo)
falta a, de (preposição + substantivo)
orgulho de (preposição + substantivo/preposição + infinitivo)
raiva de (preposição + substantivo/preposição + infinitivo)
simpatia por (preposição + substantivo)
vergonha de (preposição + substantivo)
vontade de (preposição + substantivo)

Regência nominal: alguns adjetivos e suas preposições

habituado a, com (preposição + substantivos/preposição + infinitivo)
idêntico a (preposição + substantivo)
paralelo a (preposição + substantivo)
parecido a, com (preposição + substantivo)
preferível a (preposição + substantivo/preposição + infinitivo)
resistente a (preposição + substantivo/preposição + infinitivo)
satisfeito com, por/de, em, por (preposição + substantivo/preposição + infinitivo)
triste com, por/de, em, por (preposição + substantivo/preposição + infinitivo)
útil a, para (preposição + substantivo/preposição + infinitivo)

Prática

8-5. Andando em círculos. Levante-se e encontre alguém na turma que.... (Em seguida, a turma toda vai discutir as descobertas que vocês fizeram.)

a. já participou de alguma peça de teatro. ________________. Caso já tenha participado de uma peça, qual o nome dela? ________________. Caso nunca tenha participado de uma peça, diga por que não.
____
b. já escreveu uma peça de teatro. ________________
c. tenha alguém na família que trabalha com teatro (ator, diretor, cenógrafo etc.). ________________
d. seja apaixonado por teatro. ________________
e. prefira o teatro clássico às peças contemporâneas. ____________

8-6. Preencha as lacunas com a preposição ou locução prepositiva adequada.

a. Eu já fiz um curso de teatro, mas ele não foi ________________ encontro de minhas expectativas.
( ) de ( ) em ( ) a ( ) á ( ) ao
b. Eu comecei a fazer um curso de teatro, mas parei, pois não correspondeu ________________ minhas expectativas.
( ) de ( ) em ( ) às ( ) á ( ) ao
c. Quando estava na escola secundária aspirava ________________ carreira de atriz/ator.
( ) de ( ) em ( ) à ( ) á ( ) ao
d. Prefiro cinema ________________ teatro.
( ) de ( ) em ( ) a ( ) á ( ) ao

8-7. Você e um/a colega vão criar perguntas e respostas usando as seguintes preposições e locuções prepositivas:

perante – conforme – salvo – além de – junto de – junto a – a par de – apesar de

a. Pergunta: ________________________________
Resposta: ________________________________
b. Pergunta: ________________________________
Resposta: ________________________________
c. Pergunta: ________________________________
Resposta: ________________________________

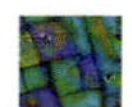

d. Pergunta: ______________________________

Resposta: ______________________________

e. Pergunta: ______________________________

Resposta: ______________________________

Para saber e praticar mais? Consulte o Caderno de Produção.

Ler é viver através de outros olhares (I)

Aquecimento

8-8. Quais são os antônimos das seguintes palavras/expressões? Faça a correspondência entre as colunas da direita e da esquerda.

1 - afável	( ) medroso, tímido
2 - profícuo	( ) nunca, jamais
3 - volta e meia	( ) indelicado, descortês
4 - ousado	( ) improdutivo, inútil

8-9. Quais são os sinônimos das seguintes palavras/expressões? Faça a correspondência entre as colunas da direita e da esquerda.

1 - aval	( ) outorgar, dar, deferir
2 - semblante	( ) autorização, consentimento
3 - conceder	( ) dirigir, conduzir
4 - nortear	( ) rosto, aspecto, aparência

8-10. Faça a correspondência entre as palavras e as definições abaixo:

1 – cinto	( ) conjunto de bens naturais, materiais e/ou imateriais
2 – acervo	( ) fio normalmente feito de fibras usado sobretudo para prender, amarrar ou fazer laços
3 – barbante	( ) é o que a pessoa deixa quando morre ou aquilo que as gerações passadas transmitem às atuais
4 – legado	( ) faixa de couro e/ou de outro material com a qual se ajusta a roupa à cintura

Boal por Boal

A primeira lembrança que tenho do Boal foi quando, ainda menino, fui visitá-lo no Presídio Tiradentes, em São Paulo. Vê-lo muito magro com um barbante no lugar do cinto foi uma imagem marcante. Mesmo nessa situação seu semblante era afável e confiante. Mais tarde estivemos novamente juntos em Paris quando, já jovem e cursando a faculdade de jornalismo, comecei a entender melhor seu trabalho, suas convicções.

No final dos anos 80 eu já havia desistido de prosseguir com o jornalismo, e Boal voltava ao Brasil para sua primeira experiência teatral pós-exílio. A peça *O corsário do rei* foi meu primeiro trabalho em teatro. Primeiro como assistente do assistente de produção e, durante a temporada, como diretor de cena. Era uma responsabilidade grande e, apesar de algumas vozes desconfiadas, tive o aval do mestre.

Pouco tempo depois ele voltava definitivamente ao Brasil, Rio de Janeiro, para iniciar o que deveria ter sido a Fábrica de Teatro Popular. A convite de Darcy Ribeiro, que tinha acabado de "inventar" o CIEP (Centro Integrado de Educação Pública), Boal explicava técnicas de seu Teatro do Oprimido para os animadores culturais, que tinham a missão de multiplicar esse processo nas suas comunidades. Tive a oportunidade de estar junto com ele e observar que ele concedia a esses animadores o mesmo carinho com que tratava atores renomados n'*O corsário do rei.* Exemplar.

Segui meu caminho como produtor de teatro e, posteriormente, também em diversos segmentos artísticos, e volta e meia me reencontrava profissionalmente com Boal. Num desses encontros produzi o Festival Internacional de Teatro do Oprimido, no Centro Cultural Banco do Brasil. Um projeto ousado, que trazia de todos os cantos do mundo artistas, acadêmicos e tantas outras pessoas que orbitavam em torno dessa prática teatral. Foi um projeto intenso e profícuo. Dava para observar outras qualidades de Boal que serviriam como exemplo na minha trajetória. Organização, pontualidade e seriedade, com muita doçura e bom humor. Foco no que traçava e um diálogo aberto nas conversas. E, sempre, uma grande inquietação artística.

Com essa inquietação nos encontramos novamente em mais um projeto inovador de Boal. Transformar a clássica ópera numa leitura carregada de brasilidade. Transpô-la para o universo musical transformando-a em SambÓpera. Instrumentos nacionais como o cavaquinho sendo introduzidos naquele universo musical tradicional. O conflito dramático sendo teatralmente privilegiado. Foram dois trabalhos consecutivos: *Carmen*, de Bizet, e *A traviata*, de Verdi. Com a *Carmen*, uma das mais famosas óperas de todos os tempos, viajamos para Paris e a apresentamos para 4 mil pessoas em 4 dias. Sucesso na terra do autor.

Depois disso, abri, no início de 2000, a empresa Olhar Brasileiro. O nome é claramente intencional. Ideias e projetos que valorizem a nossa cultura.

Recentemente, em maio, ajudei Cecília, sua viúva, e Fabian, seu filho mais velho, num emocionante encontro em homenagem aos 80 anos de nascimento de Boal.

Novamente, artistas, amigos e admiradores puderam apreciar um pouco de seu trabalho, sua herança cultural. Com Cecília e Fabian estamos abrindo o Instituto Augusto Boal, com a intenção de preservar seu acervo e divulgar ainda mais sua obra, criando projetos que mantenham acesso a seu legado.

Espero que meu aprendizado com Boal continue norteando meus passos. Certamente, desta forma, serei um profissional melhor e mais completo. Para mim, Boal – o meu tio Augusto – foi, além de tudo, um grande pensador e inventor. Alguém em constante exercício de experimentar. Levarei sempre comigo uma frase do poeta espanhol Antonio Machado que Boal gostava muito de citar: "O caminho não existe: quem o faz é o caminhante ao caminhar".

Luiz Boal

Refletindo sobre a leitura

8-11. Luiz Boal cita outras pessoas que trabalharam com Augusto Boal, seu tio Augusto. Uma dessas pessoas foi Darcy Ribeiro, que faleceu em 1997. Quem foi ele e qual foi sua importância?

8-12. Por que Augusto Boal esteve exilado? Quando ele se exilou? Descubra outros artistas e intelectuais que estiveram no exílio.

8-13. O que é o Teatro do Oprimido?

8-14. O que você acha da ideia de misturar o teatro tradicional com elementos brasileiros?

8-15. Por que você acha que o SambÓpera teve tanto sucesso?

8-16. A primeira lembrança que Luiz Boal tem do seu tio Augusto Boal é na prisão. Como o Luiz descreve esse encontro? O lugar (prisão) parece combinar com o semblante do seu tio?

8-17. Como diz o Luiz, o Boal gostava de citar a frase do poeta espanhol Antonio Machado: "O caminho não existe: quem o faz é o caminhante ao caminhar". Você concorda com essa filosofia? Comente.

No estúdio – Uma conversa no Teatro da Companhia do Feijão

Aquecimento

8-18. Quem são essas pessoas?

a. Jacques Brel
b. Carlos Drummond de Andrade

8-19. Dê sinônimos para as seguintes palavras:

1. cerne
2. falecido
3. ofício
4. patamar
5. engrenagem
6. pingo
7. arcar
8. superar

Melodias da língua. Agora ouça a gravação.

Uma conversa no Teatro da Companhia do Feijão em São Paulo.

8-20. Você acredita no talento? Você concorda com as ideias de Pedro Pires?

8-21. Por que pensamos nas carreiras artísticas em termos de talento, vocação, dom etc., mas muitas vezes não pensamos assim em relação a outras carreiras?

8-22. Como descobrimos nossas paixões, vocações?

8-23. Por que os pais não diriam:"Vá ser ator!"?

8-24. O que é vital para você?

8-25. Quais são as profissões que têm objetivos coletivos?

Intervalo para a gramática (II)

Infinitivo

Em português, ao contrário do inglês, há dois tipos de infinitivo: o amplamente utilizado infinitivo impessoal e o cada vez mais disseminado infinitivo pessoal ou flexionado.

O infinitivo impessoal

Há algumas diferenças entre o uso do infinitivo impessoal em português e seu uso em inglês. Confira os exemplos abaixo:

> **Ser** ator não é fácil.
> Being an actor is not easy.

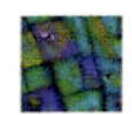

É preciso ler muito **para ser** uma boa atriz.
To be a good actress, one needs to read a lot.

O infinitivo pessoal

Uma das particularidades da gramática do português é o infinitivo pessoal. Em algumas ocasiões é obrigatório flexionar (conjugar) o infinitivo impessoal, que se torna então infinitivo pessoal:

Ele nos pediu para **lermos** os poemas em silêncio.

O infinitivo pessoal é formado acrescentando-se ao infinitivo impessoal as terminações -**es** (tu) -**mos** (nós) e -**em** (eles/elas).

O uso do infinitivo pessoal é, na maioria dos casos, opcional. Em algumas ocasiões, no entanto, ele deve ser usado, como, por exemplo, quando:

a. o sujeito da oração principal não for o mesmo que o do infinitivo.
Mariana disse para os alunos **irem** a alguma peça da Companhia do Feijão.

b. o sujeito do infinitivo é o mesmo da oração principal, mas vem expresso claramente antes do infinitivo.
Depois de nós **aprendermos** um pouco sobre o teatro brasileiro, vamos continuar querendo aprender mais.

O infinitivo pessoal é usado nos casos em que se pode usar também o presente ou o imperfeito do subjuntivo.

Infinitivo	**Subjuntivo**
Catarina sempre nos pede para **falarmos** sobre teatro.	Catarina sempre nos pede que **falemos** sobre teatro.
Catarina sempre nos pedia para **falarmos** sobre teatro.	Catarina sempre nos pedia que **falássemos** sobre teatro.

Prática

8-26. Verdadeiro ou falso? Leia as afirmações abaixo e, se elas se aplicarem a você, escreva **V** diante delas. Caso contrário, escreva **F**.

( ) Ser ator/atriz é o seu sonho.

( ) Ir ao teatro é sempre penoso.

( ) Escrever uma peça de teatro é algo que você nunca faria.

( ) Morar em uma cidade que tenha um teatro razoável é algo de que você não abre mão.

( ) Trabalhar como cenógrafo/a não lhe parece má ideia.

( ) Tornar-se produtor/a de teatro está fora do seu alcance.

8-27. Relacione a coluna da direita com a da esquerda.

a. O diretor pediu	( ) sempre foi o meu sonho.
b. Depois de aprenderem suas falas,	( ) para não chegarmos atrasados.
c. O cenógrafo disse	( ) para nós ensaiarmos mais.
d. Fazer teatro	( ) foram todos tomar cerveja no bar.
e. Eu pedi para eles andarem mais depressa	( ) para eles tomarem cuidado com as garrafas de vidro que estavam em cena.

8-28. Usando o infinitivo pessoal ou impessoal, você e um/a colega vão criar perguntas. Em seguida, faça essas perguntas ao/à colega e anote as respostas. Para terminar, compartilhe com o resto da turma.

a. Pergunta: ______________________________
Resposta: ______________________________

b. Pergunta: ______________________________
Resposta: ______________________________

c. Pergunta: ______________________________
Resposta: ______________________________

d. Pergunta: ______________________________
Resposta: ______________________________

e. Pergunta: ______________________________
Resposta: ______________________________

Para saber e praticar mais? Consulte o Caderno de Produção.

Ler é viver através de outros olhares (II)

8-29. Quais são os sinônimos das palavras abaixo? Faça a correspondência entre as colunas da direita e da esquerda.

a. calabouço	( ) amplitude
b. se deparar	( ) compreensível
c. se entregar	( ) ficar frente a algo ou alguém
d. inteligível	( ) prisão
e. abrangência	( ) equipamento para caçada, cilada, engano
f. armadilha	( ) se render

8-30. Palavra intrusa! Em todos os quatro conjuntos abaixo há sempre duas palavras/expressões relacionadas ao mundo do teatro e outra deslocada. Marque com um "x" essa palavra /expressão intrusa.

a.	espectador ( )	liquidificador ( )	cenógrafo ( )
b.	ensaiar ( )	empacotar ( )	atuar ( )
c.	público ( )	atriz ( )	remador ( )
d.	dar o cano ( )	montar uma peça ( )	pedir patrocínio ( )

Impactos

Patricia: Qual é o impacto que vocês querem ter? Nesse sentido, quais são os seus objetivos com relação ao seu público?

Guto: É torná-lo mais ou menos como a gente acha, é o estar bem com a gente. Vai ser sensível, né? Vai viver uma vida menos no calabouço, menos enclausurada. A gente de fato até vive numa cidade complicada, super clausura também. Mas tem o outro lado que a gente é livre, a gente tem uma liberdade. Então, eu morro de vontade de saber que alguém se inspirou e escreveu um poema, um público comum. Ou alguém foi lá e tirou uma foto maravilhosa porque se sentiu mexido pela arte, e se deparou com uma árvore maravilhosa e foi lá e fotografou. Inspirou o artista de outros.

Petrônio: Eu penso assim: teatro é comunhão. E quando a gente tem um espaço desses pequenininho, a gente está em relação direta com o espectador. E, às vezes, a gente tem até uma peça que é um ator para cada espectador, a gente chega no espectador, conversa um a um. E conversando um a um, atuando com uma pessoa, ela começou a falar coisas que de repente eu era espectador dela, então houve essa troca. Então, é as pessoas poderem viver esse momento de comunhão, eu acho que isso é muito construtivo para todos.

Somos um grupo de teatro, não indivíduos. Então eu costumo brincar que eu digo que quando eu comecei a fazer teatro a mesma pessoa que tinha minha profissão era meu colega; hoje é o meu concorrente. E quando a gente faz teatro de grupo, a gente é colega. Então somos colegas. E o teatro de grupo ele tem uma outra relação de trabalho. As pessoas têm um objetivo comum e trabalham juntas pra construir algo comum. Então, a relação entre as pessoas é diferente. O ganho é diferente, não é só o ganho capital. Tem uma construção maior, e essa construção maior tem significado. Essa relação, essa microssociedade tem um significado. E esse significado transparece também nos espetáculos. Então eu acho que também através do espetáculo a gente mostra o que a gente pensa duma sociedade, que a gente gostaria que um dia chegasse, ou que pudesse colaborar para uma sociedade melhor.

E é claro que quando a gente começa a atuar direto com o público ou com o espectador, público, tem uma troca muito mais forte, porque não é só uma contemplação. Tem algo mais aí além da contemplação. Não viemos aqui pra exibir. Vamos fazer um espetáculo para você assistir ao espectáculo e se deleitar. Não vamos viver juntos uma experiência. Eu acho que isso é um diferencial. E é o caminho que o teatro tem tomado. O teatro, a função do teatro é transformadora; a função da arte é transformadora.

Zé Ernesto: É, eu vou entrar aí, porque assim, previamente eu não penso em impacto nenhum. Não quero construir sociedade melhor, não quero nada disso. Se eu tô entregue, como a gente conversou um pouco antes, estou inteiramente entregue ao meu trabalho. Enquanto eu tô num processo de criação, não tenho a mínima preocupação se vão gostar, se não vão gostar, se vou atingir, se vou ser explicativo, se vou ser inteligível, se não vou ser inteligível nem nada. Acho que só desse jeito, quer dizer, pelo menos é como acontece comigo, você pode se pôr inteiro em alguma coisa. Se você já quer melhorar aquele lado, dá receita aqui, pensa aqui... Aí você já não está inteiro. É lógico que o impacto posterior, ele vai me tocar. E aí eu vou começar a analisar o que vem de fora e de mim mesmo. Então muita coisa que nem é explicada internamente para mim no processo de criação vai ser explicada pelo impacto depois. Evidentemente, com todos esses dados que o Petrônio falou, comunhão da troca e tal.

Mas eu acho que num processo de criação nem me passa pela cabeça agradar a ninguém ou desagradar a ninguém. É aquilo que eu preciso dizer. E não tem concessão. É daquele jeito. Várias vezes a gente se pegou em armadilhas dizendo: "Essa peça está ininteligível". Para mim é uma armadilha, que deve ser avaliada em alguns momentos, mas em outros momentos não deve ser nem tocada porque há o risco de você ferir uma semente original. E hoje em dia é tão difícil ter alguma coisa original. Todo mundo já inventou tudo. Então a gente não tem mais nada original. Quando se beira uma coisa original que, portanto,

 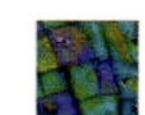

não tem tradução ainda, vamos dizer, no senso comum, aí você se breca, ah, não tem tradução no senso comum. Aí deixa de fazer alguma coisa original. Então, o impacto previamente não passa pela minha cabeça. Vai passar depois e dolorosamente muitas vezes.

Fernanda: Eu concordo completamente com isso que o Zé falou. No momento que você está criando, acho que nem passa pela cabeça. Isso é uma característica da companhia, que assim a gente fala sobre aquilo que é importante para a gente, ou porque está incomodando, é ruim, ou porque é muito forte, é muito bom. Eu não entendo, o teatro de grupo não entende essa coisa simplesmente para montar qualquer peça ou um tema alheio à nossa realidade, à nossa vida. Bom, partindo desse pressuposto, a gente quando cria tem essa preocupação.

Agora, se eu fosse dizer, voltando aqui, qual que é a minha única frustração, é a pouca abrangência desse impacto. Não a pouca efetividade, porque eu acho que, quando existe, quando você tá com o público existe essa comunicação. Mas, infelizmente, no nosso país não existe a possibilidade do teatro, ou teatro de grupo mais especificamente, chegar a muitas pessoas, ele chega a poucas pessoas, numericamente falando, mesmo. E isso pra mim é frustrante porque eu acho que é muito importante, pra mim pelo menos, tudo que nós tamos falando. E aí, pô, pouca gente viu. Que saco! Mas não é minha preocupação não é, ah, pouca gente me viu, oh, ah. Gostaria de aparecer mais, ia fazer televisão, entendeu? Não, mas, se é tão importante, eu queria que mais gente ouvisse isso. Até pra falar, oh meu, não é importante porcaria nenhuma, entendeu, mas pra poder ouvir. Então essa seria uma pequena frustração. Uma questão de abrangência; não de qualidade. Porque quando essa relação se dá é absolutamente prazerosa tendo leitura, não tendo leitura, sendo inteligível, não sendo inteligível a peça. Essa não é uma preocupação, entendeu, mas eu gostaria de poder aumentar essa possibilidade de contato. Mais pessoas.

Refletindo sobre a leitura

8-31. Para você teatro é o quê? Nas palavras do Petrônio, teatro é comunhão.

8-32. Os atores da Companhia do Feijão falam muito sobre teatro de grupo. Como é que eles o definem? Por que isso seria importante?

8-33. Quais são as preocupações dos diferentes atores em relação ao seu ofício?

Para retomar o texto, entre no Caderno de Produção.

8-34. Se você tivesse de fazer uma lista das razões pelas quais esses atores fazem teatro, o que constaria na sua lista?

8-35. Como é ser artista no Brasil? É muito diferente de ser artista no seu país? Dê exemplos.

A vida em arte

8-36. O que você acha da expressão "a vida é um teatro"?

8-37. Teatro é, por definição, ao vivo. Como o teatro persiste numa sociedade cada vez mais voltada para a mídia e para imagens que podem ser vistas inúmeras vezes?

8-38. Observe a imagem ao lado. Como você a relaciona com o teatro?

Intervalo para a gramática (III)

Discurso direto e indireto

Discurso direto	**Discurso indireto**
As palavras do falante – ficcional ou real – são transcritas de modo a reproduzir literalmente o que foi dito ou "imaginado" que foi dito.	Alguém conta o que foi dito por outras pessoas.
Ao se passar do discurso direto para o indireto, ou vice-versa, várias mudanças ocorrem: a pontuação, os tempos e modos verbais, os possessivos, os demonstrativos etc.	

Prática

8-39. Escreva pelo menos cinco perguntas para entrevistar um/a colega a fim de saber de que peça ele/a mais gostou e quais foram as razões da sua escolha. Em seguida, faça uma gravação dessa entrevista e a transcreva.

8-40. Transforme a entrevista do exercício anterior em uma narrativa. Troquem de narrativas. Cada um/a de vocês deve sublinhar as mudanças que ocorreram na passagem da transcrição da entrevista (discurso direto) para a narrativa (discurso indireto). Entregue os dois textos a seu/sua professora.

Para saber e praticar mais? Consulte o Caderno de Produção.

8-41. Quando receber os dois textos corrigidos, leia ambos para o resto da turma e comente as mudanças ocorridas.

Ler é viver através de outros olhares (III)

Aquecimento

8-42. Quais são as definições das palavras abaixo? Faça a correspondência entre as colunas da direita e da esquerda.

a. ( ) pecado	( ) conduta ou costume não aprovado por uma determinada sociedade; dependência de alguma droga
b. ( ) artimanha	( ) deslumbrante, pertencente ao mundo das fadas
c. ( ) feérico	( ) maneira hábil, porém desonesta, de conseguir algo de alguém
d. ( ) temor	( ) vício, lástima
e. ( ) vício	( ) medo, receio

Auto da Festa de São Lourenço: tempo, espaço, língua e cultura no teatro de Anchieta

Imperadores romanos, anjos, demônios, indígenas e mártires do cristianismo convivendo, lado a lado, no tempo e no espaço, formam um conjunto feérico e completamente insólito. Como se não bastasse essa inusitada reunião de seres fantásticos em um mundo improvável, o quadro torna-se ainda mais complexo na medida em que nos damos conta de que as vozes desses seres ecoam em nada menos do que quatro idiomas, ou, mais precisamente, 867 versos em tupi,

595 em castelhano, 40 em português e até mesmo um verso em guarani. Esse curioso encontro acontece no *Auto da Festa de São Lourenço*, peça escrita entre 1580 e 1583 pelo padre jesuíta José de Anchieta.

Os personagens da peça são: Guaixará, chefe dos diabos e pertencente à tribos dos tamoios, aliados dos franceses; os criados Aimbiré e Saravaia; e seus amigos Tataurana, Urubu e Jaraguaçu. Do lado do *mal*, temos ainda os imperadores romanos Valeriano e Décio, reponsáveis pelo martírio de São Lourenço; a velha que hospeda Guaixará; e os cativos que acompanham os diabos. Do lado do *bem*, temos São Sebastião, São Lourenço, o Anjo, o Temor de Deus e o Amor de Deus. A peça é dividida em cinco atos. No primeiro, o martírio de São Lourenço é retratado em um poema não desprovido de beleza. No segundo ato, São Lourenço, São Sebastião e o Anjo da Guarda impedem que Guaixará e seus servos destruam uma aldeia indígena com o vício e o pecado. No terceiro ato, Aimbiré e Saravaia torturam Décio e Valeriano, responsáveis pela morte de São Lourenço. No quarto ato, o Temor e o Amor de Deus encorajam os indígenas a amar e a temer a Deus. Finalmente, no quinto ato, há um jogral de doze crianças que dançam na procissão de São Lourenço.

Interesses puramente catequéticos – ou seja, ganhar as almas dos nativos para o cristianismo – juntam-se a interesses políticos explícitos, na medida em que Anchieta repetidamente conclama os indígenas a permanecerem fiéis à Coroa portuguesa, ignorando os aliados franceses que na época tentaram de várias maneiras conquistar o Brasil. A fim de atingir seus objetivos, Anchieta lança mão de um incrível repertório de artifícios.

Uma das mais engenhosas artimanhas do padre-dramaturgo foi o uso da língua tupi em grande parte da peça. Essa estratégia permitia que os preceitos do cristianismo atingissem diretamente os povos conquistados. Tampouco, não é por mero acaso que o demônio e seus assistentes tivessem nomes indígenas e falassem tupi. Mas provavelmente um dos mais brilhantes recursos pedagógicos de que Anchieta lançou mão tenha sido o envolvimento de dois mártires do cristianismo, São Lourenço e São Sebastião, que foram sacrificados através de práticas muito semelhantes às usadas pelos indígenas em suas guerras e rituais de sacrifício humano.

São Lourenço morreu queimado quando o imperador romano Valeriano ordenou que o colocassem sobre um braseiro ardente. São Sebastião, por sua vez, foi martirizado por meio de flechadas. Obviamente, o primeiro martírio não deixa de evocar as fogueiras em que os corpos dos inimigos eram assados antes de serem comidos em rituais de canibalismo praticados por algumas nações indígenas. Por sua vez, as flechas que torturaram São Sebastião remetem à arma mais amplamente usada pelos indígenas. Em suma, o Apóstolo do Brasil, como também ficou conhecido o jesuíta dramaturgo, procurou traduzir a cultura

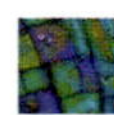

europeia para a indígena a qualquer preço e, portanto, em seu afã catequético, não hesitou em romper com a lógica do tempo e do espaço. Amalgamou costumes, filtrou ideias, apresentou versões bem peculiares da história, tudo a fim de conquistar aqueles, segundo Darcy Ribeiro, "magníficos seres emplumados".

Ao colocar lado a lado práticas extremamente complexas tanto dos povos indígenas quanto dos conquistadores europeus, Anchieta leva-nos a questionar a dimensão do abismo que aparentemente separava os povos do Novo e do Velho Mundo. Está, portanto, em jogo a gasta e velha questão que nos persegue através dos tempos: afinal qual é a diferença entre barbárie e civilização?

Clémence Jouët-Pastré

Refletindo sobre a leitura

8-43. Quais são as funções do teatro? O teatro assume funções diversas nas diferentes sociedades. Podemos classificar essas funções de várias maneiras. Junto com um/a colega, tente encontrar mais exemplos para cada uma das categorias já apresentadas. Em seguida, tentem lembrar-se de outras funções do teatro e preencham com exemplos do resto da tabela. Finalmente comparem suas notas com as dos demais colegas:

Função	**Didática**	**Política**	**Religiosa**	________	________
Exemplos	________ ________ ________	________ ________ ________	________ ________ ________	________ ________ ________	________ ________ ________

8-44. Qual é a concepção popular de "barbárie" e de "civilização"? Junto com um/a colega, escreva uma definição popular para cada um desses termos. Em seguida, confiram as definições que vocês escreveram com as de um dicionário. Finalmente, compartilhem o que vocês descobriram com o resto da turma.

8-45. O que você acha da expressão "magníficos seres emplumados"?

8-46. Você já tinha ouvido falar em peças bilíngues? Caso a resposta seja afirmativa, relate a experiência para o resto da turma.

8-47. Junto com um/a colega, escreva uma cena bilíngue inglês-português ou espanhol-português. Preparem-se para encená-la para o resto da turma.

Dando voltas às palavras

8-48. Visite novamente o vocabulário das leituras I, II, III e do áudio. Escolha no mínimo cinco palavras ou expressões e construa suas próprias frases.

____

____

____

____

____

____

____

____

Cenários

8-49. Você quer criar um cenário para uma peça, mas o seu orçamento é muito pequeno. Imagine como você pode encenar a peça e criar as cenas sem gastar muito dinheiro com a cenografia.

8-50. Traga o cartaz de uma peça de que você gostou. Através do cartaz, conte o enredo da peça. Se não achar o cartaz de uma peça a que assistiu, escolha outra e imagine o enredo a partir do cartaz.

8-51. Crie uma cena curta para uma peça, usando a seguinte situação como base:

> Um bate-boca (briga verbal) entre gerações: pai e filho/a, mãe e filho/a, ou avós e netos/as.

Debates

8-52. Metade da turma vai defender o teatro como um veículo mais poderoso do que o cinema. A outra metade da turma vai argumentar que o cinema é mais poderoso do que o teatro.

8-53. Escolha um dramaturgo clássico e um dramaturgo contemporâneo. Debata as diferenças entre a dramaturgia clássica e a contemporânea.

Portfólio

8-54. Faça o cartaz para uma peça imaginária. Se precisar, encontre um desenho na internet que você possa usar como cartaz. Escreva um programa para a peça criando personagens e o resumo da história. Coloque tudo dentro do seu portfólio.

Unidade 9

Cinema: imagens em movimento

Imagem: Sophie Barbasch.

Primeiros acordes

9-1. **Associando palavras e pensamentos.** Escreva todas as palavras que lhe vêm à mente ao ouvir a palavra "cinema". Compare suas notas com as de um/a colega e depois compartilhem os resultados com a turma.

____

____

____

Reflexões sobre cinema

"Se se ganha dinheiro, o cinema é uma indústria. Se se perde, é uma arte."

~Millôr Fernandes,
escritor

"É uma tendência do cinema romper a fronteira tênue entre ficção e documentário."

~Lúcia Murat,
cineasta

"O trabalho que eu faço é quem eu sou."

~Tânia Cypriano,
cineasta

"Todos os temas que acabei desenvolvendo tocam em um problema comum: a questão da identidade."

~Walter Salles,
cineasta

"Não sou um profissional do cinema, mas um militante dele."

~Cacá Diegues,
cineasta

"O cinema tem uma estrutura complexa. A linguagem cinematográfica tem uma gramática, é uma arte técnica, você lida com tecnologia, com equipamentos, em geral com muita gente."

~Dado Amaral,
cineasta

9-2. Reflexões sobre cinema. Com qual/quais das seis afirmações você se identifica mais? Numere a lista abaixo de 1 a 6, sendo (1) "Identifico-me muito" e (6) "Identifico-me muito pouco" com relação às afirmações feitas por:

( ) Millôr Fernandes

( ) Lúcia Murat

( ) Tânia Cypriano

( ) Walter Salles

( ) Cacá Diegues

( ) Dado Amaral

9-3. Trocando ideias. Em duplas, discutam as escolhas que vocês fizeram no exercício anterior. Em seguida, façam um resumo da discussão que tiveram para toda a turma. De preferência, fale sobre seu/sua colega e vice-versa.

9-4. Momento biográfico

a. Qual é a sua relação com o cinema? Você vai com frequência ao cinema? Ou nunca vai?
b. Você já fez algum filme? Já atuou em algum filme? Alguém da sua família trabalha com cinema?
c. Quais foram os filmes que marcaram sua vida? Escolha três e explique por que esses filmes o/a marcaram.
d. Você prefere filmes nacionais ou estrangeiros? Ambos? Além de ter de ler as legendas, qual/quais a/as diferença/s entre assistir a um filme nacional e um filme estrangeiro?
e. Há filmes de certos diretores e/ou atores a que você sempre assiste? Diga quem são essas pessoas e por que o trabalho deles/as lhe interessa.

Intervalo para a gramática (I)

Plural

A marca de plural em português é o **-s**. A regra geral é acrescentar um **-s** às palavras terminadas em vogal:

cinema – cinemas
documentário – documentários
filme – filmes
tela – telas

 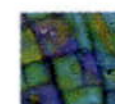

Exceções

a. Há duas alternativas para as palavras terminadas em **-ão**:		b. As consoantes terminadas em "l" também variam muito:	
telão	telões	jornal	jornais
pão	pães	papel	papeis
		difícil	difíceis
		farol	faróis
		azul	azuis
c. Nas palavras terminadas em **-m**, este torna-se **-n** e acrescenta-se um **-s**.		**d.** Acrescenta-se **-es** às palavras terminadas em **-r**, **-s**, **-z**.	
filmagem	filmagens	ator	atores
		português	portugueses
		atriz	atrizes

Prática

9-5. Andando em círculos. Encontre alguém na classe que já assistiu a

a. alguns filmes espanhóis.
b. uns documentários alemães.
c. um curta sobre a fabricação de chapéus.
d. *O Senhor dos Anéis*.
e. um documentário sobre faróis históricos.
f. uns filmes irlandeses.

9-6. O que você levaria se tivesse de passar dez dias em uma ilha deserta?

um ______________________________
dois ______________________________
três ______________________________
cinco ______________________________
dez ______________________________
vinte ______________________________
cem ______________________________
____
____

Para saber e praticar mais? Consulte o Caderno de Produção.

9-7. Você é um cenógrafo e precisa filmar uma cena na hora do jantar. O que é preciso ter no ambiente? Oriente o produtor a respeito de tudo de que você vai precisar. Lembre-se de usar os plurais.

Ler é viver através de outros olhares (I)

Aquecimento

9-8. Definições. Relacione a coluna da direita com a da esquerda.

a. vestibular	( ) arte e ciência de projetar e executar a instalação de cenários para espetáculos teatrais ou cinematográficos
b. tornar-se	( ) exame para ingressar em uma instituição de ensino superior
c. inscrever-se	( ) pôr o próprio nome em uma lista para matricular-se em um curso, para concorrer a algo
d. cenografia	( ) notar, perceber
e. por acaso	( ) mudar de estado ou condição, transformar-se
f. dar-se conta	( ) acidentalmente, sem estar previsto

Cineasta acidental

Estudei edição de filmes e continuidade de 1967 a 1970 na Bélgica, em Bruxelas. Cheguei lá por acaso. Eu sou cineasta por acaso, eu não nasci dizendo que queria ser cineasta. Sempre gostei muito de cinema, mas minha mãe queria que eu fosse médica, porque ela tinha sido médica. Então, eu pretendia ser médica. Comecei a estudar na Harvard no curso de "Pre-Med", até descobrir que tinha química orgânica. Naquele momento me dei conta de que não me interessava por medicina. Depois de dois anos de Harvard, voltei para o Brasil e fiz o vestibular para estudar psicologia na USP. Um dia, no curso de psicologia, uma colega me convidou para acompanhá-la até a Escola de Arte Dramática porque ela queria se inscrever em um curso para se tornar atriz. Fui com ela e descobri que havia um curso de crítica teatral que parecia muito interessante. Finalmente, minha amiga se inscreveu no curso de ator e eu no curso de crítica teatral. Então, de dia a gente estudava psicologia e à noite a gente ia para a Escola de Arte Dramática. Na escola eu encontrei um rapaz que fazia cenografia e que se tornou meu companheiro. Pouco depois ele encontrou, em uma das bienais de São Paulo, um cenógrafo muito conhecido chamado Svoboda. Meu

companheiro disse que estava muito interessado em estudar com ele e Svoboda convidou-o a ir para a Tchecoslováquia. Naquela época o Brasil vivia sob uma ditadura e a gente participava de manifestações contra o regime, até que um dia, depois de ver nossas fotos no jornal, decidimos deixar o país e ir ao encontro de Svoboda. A gente pensava que, por ser de esquerda e estar em um país do bloco da esquerda, tudo se resolveria facilmente. Mas havia muitas complicações. Tínhamos que fazer dois anos de tcheco antes de começar a universidade. Mas a questão é que não tinha vaga nas escolas da Tchecoslováquia porque, com a Guerra do Vietnã e a Tchecoslováquia apoiando o Vietnã, as escolas tchecas estavam cheias de vietnamitas e, portanto, não tinha vaga. Nos aconselharam a fazer o pedido de inscrição em março para começarmos no ano seguinte. Isso foi em 1967. Pensamos bem e, como havíamos ouvido falar de uma escola em Bruxelas chamada INSAS, resolvemos ir para lá. Chegamos a Bruxelas na véspera do vestibular. Fizemos o exame para o Departamento de Teatro e, para nossa surpresa, entramos. Digo surpresa porque na época o nosso francês não era muito bom. Começamos a fazer os cursos, mas não gostamos muito. Meu companheiro logo decidiu parar e eu queria fazer o mesmo, mas ele insistiu para que eu continuasse porque já havia deixado dois cursos. Isso foi em maio de 1968. Estava tudo muito confuso e eu decidi falar com o diretor da escola e perguntar se poderia passar do curso de teatro para o curso de cinema. Fiz isso porque nesse meio tempo eu conheci pessoas do curso de cinema, particularmente editores, e gostei muito do trabalho de edição de filmes. O diretor permitiu que eu trocasse de curso e passei do primeiro ano de teatro para o segundo de edição. Foi bem pesado, porque tive que refazer exames do primeiro ano e outros trabalhos. Mas, enfim, em 1970 eu terminei.

Depoimento de Susana Rossberg

Refletindo sobre a leitura

9-9. Susana Rossberg fala sobre a ditadura no Brasil. Quais foram os anos da ditadura?

9-10. Por que Susana achou melhor sair do Brasil?

9-11. Por que tudo estava tão confuso em maio de 1968 na Europa?

9-12. Susana Rossberg não seguiu a carreira dos pais. E você? Decidiu seguir a carreira de um de seus pais?

No estúdio – Entrevista com Tânia Cypriano

Aquecimento

9-13. Responda às perguntas abaixo.

a. Você conhece ou já ouviu falar de alguma cidade do interior de São Paulo? Qual é o nome dessa cidade?

b. Você gosta de Bob Dylan? Conhece duas músicas dele? Quais?

c. Você gosta de traduzir letras de música para aprender um idioma?

d. Você já mudou de cidade, estado ou país? Quais?

Melodias da língua. Agora ouça a gravação.

9-14. A linha do tempo e da vida. Com um/a colega, trace a linha do tempo da vida de Tânia:

x______	x______	x______	x______	x______	x______
Nasceu em _____	aos 14 anos de idade	aos 16 anos de idade	em 1979	em 1987	atualmente
______	______	______	______	______	______
______	______	______	______	______	______

9-15. Tânia Cypriano comenta o fato de ser *teenager*, ou seja, adolescente. Quais são as preocupações dos adolescentes do seu país?

9-16. O que a Tânia achou atraente nos Estados Unidos?

Intervalo para a gramática (II)

Pronomes indefinidos

Os pronomes indefinidos se referem a pessoas ou a coisas de modo vago, impreciso ou genérico. São divididos em variáveis e invariáveis. Os pronomes variáveis mudam de acordo com gênero e número.

Variáveis				Invariáveis
Singular		Plural		
Masculino	Feminino	Masculino	Feminino	
algum	alguma	alguns	algumas	alguém
nenhum	nenhuma	nenhuns	nenhumas	ninguém
todo	toda	todos	todas	outrem
muito	muita	muitos	muitas	tudo
pouco	pouca	poucos	poucas	nada
tanto	tanta	tantos	tantas	algo
outro	outra	outros	outras	cada
quanto	quanta	quantos	quantas	
Qualquer		Quaisquer		

Exemplos:

Você conhece **algum** cineasta brasileiro?
Conheço **alguns**, mas **poucos**.

Prática

9-17. Preencha as lacunas com o pronome indefinido adequado.

a. Eu sempre faço _________ por você.
( ) todo ( ) tudo ( ) toda ( ) todos

b. É um ator muito estranho. Não fala com _________.
( ) ninguém ( ) alguém ( ) nenhum ( ) algum

c. Você viu _________ na rua? Não, não vi _________.
( ) ninguém/alguém ( ) nenhum/algum ( ) alguém/ninguém

d. _________ pessoas vão ao cinema com frequência hoje em dia.
( ) Muita ( ) Tantos ( ) Poucas ( ) Todas

e. _________ quer meu autógrafo? Não, _________ .
( ) Nenhum/alguém ( ) Todos/ninguém ( ) Alguém/nenhum ( ) Alguém/ninguém

9-18. Estude o quadro precedente e use pronomes indefinidos para escrever cinco frases sobre si mesmo/a. Dessas cinco frases, três devem ser verdadeiras e duas falsas.

____

____

____

____

____

Para saber e praticar mais? Consulte o Caderno de Produção.

9-19. Escreva as cinco frases no quadro. O resto da turma terá de adivinhar quais são as afirmações verdadeiras e quais são as falsas.

Ler é viver através de outros olhares (II)

Aquecimento

9-20. Antônimos. Relacione a coluna da direita com a da esquerda.

a.	apaixonar-se	( ) amador
b.	profissional	( ) estar sempre estável
c.	oscilar	( ) passar a não gostar de alguém

9-21. Agora crie definições usando **apaixonar-se**, **profissional** e **oscilar**.

____

____

____

____

____

____

Ciência e arte ou a arte da ciência

Dado Amaral: Foi curioso como eu comecei a fazer cinema. Eu sempre fui apaixonado por cinema. Desde criança, eu era fascinado com o processo do cinema, de ir ao cinema, aquela tela imensa. Eu achava aquilo tudo incrível. Mas, na verdade, eu comecei pelo teatro porque na minha época era difícil começar pelo cinema. Hoje em dia é mais fácil porque tem mais escolas, tem oficinas. Mas na minha época não tinha nem sequer vídeo. Quando eu comecei a fazer

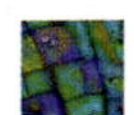

teatro no colégio eu nem gostava muito porque o que realmente me encantava era a imagem em movimento. Mas eu me apaixonei pelo teatro, e quando eu estava fazendo a minha primeira peça profissional aqui no Rio eu fiquei muito amigo do Vinícius Reis, que fazia teatro na mesma escola que eu, no Tablado. O Vinícius, que era apaixonado por cinema, me convidou para fazer um filme e eu aceitei. Então, eu sou um dos poucos casos no cinema de alguém que entrou pela primeira vez em um *set* de filmagem já como diretor. O cinema, por ser algo muito complexo ou por ser um meio de produção complexo, torna-se algo muito hierárquico. Normalmente, você começa como estagiário, como o assistente do assistente. Mas eu já comecei dirigindo e fiz o meu primeiro curta-metragem, *Uma rosa é uma rosa,* em 1990.

Clémence: Mas, Dado, eu sei que você tem um passado complexo, que você já fez incursões por diversos mundos como, por exemplo, o mundo da ciência. Você pode falar mais sobre isso?

Dado Amaral: Posso. Posso, sim. Eu sempre fui apaixonado por ciências. O cinema, para mim, é um processo científico. A luz é um processo físico, a revelação é um processo químico. Então, quando eu fui fazer vestibular, eu fiquei na dúvida. Eu oscilei entre física e biologia e acabei optando por física. Eu fiz um ano de física, mas logo percebi que aquilo não era para mim. Eu sabia que continuaria apaixonado, mas não dava para casar com aquela mulher. Ela é, digamos assim, uma mulher muito difícil. Mas eu continuei apaixonado por ciências.

Refletindo sobre a leitura

9-22. O que você conclui a partir da metáfora da “mulher difícil”?

9-23. Quais são as analogias que Dado propõe em seu texto?

9-24. Você aprendeu algo sobre a cultura brasileira lendo e discutindo o texto de Dado Amaral?

A vida em arte

9-25. Em sua opinião, cinema é arte ou técnica?

9-26. O que você acha da expressão "indústria do cinema"?

9-27. O que você acha da célebre frase de Glauber Rocha: "Uma câmera na mão e uma ideia na cabeça?"

Intervalo para a gramática (III)

Pronomes demonstrativos

Assim como os pronomes indefinidos, os demonstrativos podem ser divididos em variáveis (isto é, ocorrem mudanças de gênero e número) e invariáveis.

Variáveis				Invariáveis
Singular		Plural		
Masculino	Feminino	Masculino	Feminino	
este esse aquele	esta essa aquela	estes esses aqueles	estas essas aquelas	isto isso aquilo

este/s-esta/s – o objeto ou a pessoa de quem se fala está perto do enunciador

esse/s-essa/s – o objeto ou a pessoa de quem se fala está perto da pessoa que ouve, mas longe do enunciador

aquele/s-aquela/s – o objeto ou a pessoa de quem se fala está longe do enunciador e de quem ouve

isto: fala-se de algo ou de alguém que está perto do enunciador

isso: fala-se de algo ou de alguém que está longe do enunciador, mas perto de quem ouve

aquilo: fala-se de algo que está longe tanto do enunciador como de quem ouve

Os pronomes demonstrativos podem vir combinados com preposição:

- em + pronome demonstrativo = neste, nesse, naquele etc.
- de + pronome demonstrativo = deste, desse, daquele etc.

Advérbios de lugar

Dentre os vários advérbios de lugar (veja a lista no Caderno de Produção) destacamos três que podem ser usados com os demonstrativos. São eles:

Aqui: indica que o objeto está perto do locutor

Aí: indica que o objeto está perto do interlocutor

Ali ou lá: indicam que o objeto está distante tanto do locutor quanto do interlocutor

Prática

9-28. Montando um cenário. O cenógrafo vai dar as instruções para a equipe. Preencha as lacunas com os advérbios de lugar apropriados.

Coloque a cadeira _____ longe e a mala _____ perto. Depois ponha _____ livro que estou segurando _____ cadeira. Pegue _____ quadro que está no bastidor e ponha-o _____ cantinho _____ pertinho. E o que eu faço com _____ banquinho aos meus pés?!

9-29. Conversa telefônica. Você e um/a colega vão escrever um diálogo (mínimo de quatro perguntas e quatro respostas). Você e seu/sua colega estão combinando de ir ao cinema e estão discutindo quem passa na casa de quem, em qual sala vão assistir ao filme etc. Lembre-se de usar pelo menos cinco advérbios de lugar. Dentre eles, pelo menos três são obrigatórios em seu diálogo: aqui, aí e ali/lá.

9-30. Cecília Meireles tem um poema infantil que se chama *Isto ou aquilo*. Procure-o na internet e, inspirando-se nesse poema, escreva o seu próprio poema com pronomes demonstrativos.

Para saber e praticar mais? Consulte o Caderno de Produção.

Ler é viver através de outros olhares (III)

Aquecimento

9-31. Faça uma enquete na sala de aula para descobrir quem sabe quem é:

Quem é quem?	Nunca ouviu falar dessas pessoas.	Já ouviu o nome dessas pessoas.	Sabe um pouquinho sobre essas pessoas.	Sabe um pouco sobre essas pessoas.	Sabe bastante sobre cada uma delas.
Macunaíma	Nome do/a/s aluno/a/s:	Nome do/a/s aluno/a/s:	Nome do/a/s aluno/a/s:	Nome do/a/s aluno/a/s:	Nome do/a/s aluno/a/s:
Kurosawa	Nome do/a/s aluno/a/s:	Nome do/a/s aluno/a/s:	Nome do/a/s aluno/a/s:	Nome do/a/s aluno/a/s:	Nome do/a/s aluno/a/s:

9-32. Junto com um/a colega, tente escrever um parágrafo sobre *Macunaíma*. Em seguida, compartilhem o parágrafo com o restante da turma. Se precisar, recorram à internet.

9-33. Junto com um/a colega, tente escrever um parágrafo sobre Kurosawa. Em seguida, compartilhem o parágrafo com o restante da turma. Se precisar, recorram à internet.

Caminhos do cinema

Tânia: A minha educação (em Nova York) foi não só esse mundo de gente que já tava trabalhando, mas que tava trabalhando independente . . . mas tava trabalhando o cinema experimental (The Collective for Living Cinema), que para mim foi uma coisa maravilhosa. Que foi o que abriu a maneira de ver cinema diferente.

Patricia: E como é que começou a sua paixão pelo cinema? Você já tinha em mente que queria trabalhar com o cinema desde pequena? Ou isso foi algo que foi se desenvolvendo aos poucos? Aconteceu ainda no Brasil ou começou a acontecer aqui? Como é que isso foi se desenvolvendo?

Tânia: No Brasil eu trabalhava com o teatro quando era pequena. Eu adorava teatro. Aos 14 anos de idade eu já tinha dirigido uma peça de teatro que eu escrevi dentro do centro comunitário do conjunto onde eu trabalhava e morava.

Patricia: Qual é o nome da peça?

Tânia: *Chapeuzinho Vermelho de Raiva* (risos), que era sobre a adolescência e os problemas da adolescência. Eu tinha um interesse muito grande no teatro, mas eu comecei trabalhando em drama dois anos como atriz e depois eu já fiquei interessada em escrever, em dirigir e tal.

E chegando aqui nos Estados Unidos isso logicamente acabou. Eu participei de algumas coisas no meu *high school*, esse negócio de *musicals*, mas foi uma coisa que acabou. Cinema pra mim foi uma coisa que me veio assim devagar. Eu acho que eu concluí que cinema ia ser uma coisa mais fácil para eu trabalhar aqui do que teatro, mesmo por causa da língua.

Na verdade, eu me apaixonei mesmo pelo cinema quando eu morava no Havaí. Porque eu comecei a ir a um cinema perto de casa, onde eu comecei a ver filmes que eu nunca tinha visto antes. Porque até então eu conhecia mais o cinema de Hollywood, produções maiores etc. Esse era um pequeno cinema de arte e foi a primeira vez que eu fui a um cinema de arte para ver filmes. Eu via muita coisa da Austrália, muita coisa do Japão, porque era o que mais tinha lá. Eles tinham uns festivais, por exemplo, eu passei um dia num *workshop* ouvindo o Kurosawa falar. Um monte de coisa mudou para mim no Havaí.

Tânia Cypriano

Refletindo sobre a leitura

9-34. O que Tânia, Dado e Susana têm em comum?

9-35. Em que parecem ser muito diferentes?

9-36. Por que Tânia optou pelo teatro?

9-37. Onde a vida de Tânia sofreu grandes transformações?

Dando voltas às palavras

9-38. Visite novamente o vocabulário das leituras I, II, III e do áudio. Escolha no mínimo cinco palavras ou expressões e construa suas próprias frases.

____

____

____

____

____

____

____

____

Cenários

9-39. Imagine que você tem a oportunidade de dirigir um filme. Qual será o tema desse filme? Vai ser um documentário? Um curta? Em preto e branco? Em cores?

9-40. As imagens certamente se tornaram parte do nosso cotidiano e há uma preponderância delas no nosso mundo através da televisão, do computador, do cinema etc. Por que a imagem é tão poderosa? Cite algumas imagens poderosas dos últimos anos.

Debates

9-41. Metade da classe vai ser a favor de ir ao cinema e a outra metade a favor de assistir a filmes em casa. Defenda a sua posição.

9-42. Metade da turma vai defender que a imagem é mais poderosa do que a palavra e a outra metade vai dizer que as palavras são mais poderosas que as imagens.

Portfólio

9-43. Crie um microdocumentário e/ou uma narrativa digital sobre alguém ou alguma coisa que o/a toca, que o/a comove. O documentário deve ter entre 90 segundos e 3 minutos de duração.

Unidade 10

Literatura e crítica literária: palavras dançando entre folhas

Imagem: Sophie Barbasch.

Primeiros acordes

10-1. **Associando palavras e pensamentos.** Escreva todas as palavras que lhe vêm à mente ao ouvir a palavra "literatura". Compare suas notas com as de um/a colega e depois compartilhem os resultados com a turma.

___

___

___

Crítica e literatura? Com a palavra, os autores.

"A ciência descreve as coisas como são; a arte, como são sentidas, como se sente que são."

~Fernando Pessoa, poeta português

"Muitas coisas melhor se dizer calado, pois o silêncio não tem fisionomia, mas as palavras têm muitas faces."

~Machado de Assis, escritor brasileiro

"Escrevo sem pensar tudo o que meu inconsciente grita. Penso depois: não só para corrigir, mas para justificar o que escrevi."

~Mário de Andrade, escritor brasileiro

"Minhas ideias são inventadas e eu não me responsabilizo por elas."

~Clarice Lispector, escritora brasileira

"Em vez de ouvirem os escritores em busca de respostas sobre o que somos, as pessoas precisam ouvir umas às outras, porque nós, autores, não somos mais do que meros trabalhadores da palavra."

~José Saramago, escritor português

"Tentei ser moderna, mas não deu. É sensual a relação que tenho com minha máquina de escrever."

~Lygia Fagundes Telles, escritora brasileira

10-2. Reflexões sobre literatura. Qual/quais das seis afirmações você acha mais apropriada? Numere a lista abaixo de 1 a 6, sendo (1) "Identifico-me muito" e (6) "Identifico-me muito pouco", com relação às afirmações feitas por:

( ) Fernando Pessoa

( ) Machado de Assis

( ) Mário de Andrade

( ) Clarice Lispector

( ) José Saramago

( ) Lygia Fagundes Telles

10-3. Trocando ideias. Em duplas, discutam as escolhas que vocês fizeram no exercício anterior. Em seguida, façam um resumo da discussão que tiveram para toda a turma. De preferência, falem sobre seu/sua colega e vice-versa.

10-4. Momento biográfico

a. Você lê muita literatura? O que você prefere ler? Romances? Novelas? Contos? Ensaios?
b. Qual é a sua relação com a literatura? Você lê os grandes escritores ou lê um pouco de tudo? Você lê todos os dias ou raramente?
c. Você lê livros eletrônicos ou precisa ter o livro físico na mão? O que você acha dos livros eletrônicos?
d. Quais são os seus hábitos ao ler? Você lê sentado/a numa cadeira? No carro? No avião?
e. Você já escreveu algum conto, romance ou peça de teatro? Você acha que leva jeito para escritor?

Intervalo para a gramática (I)

Conjunções

Conjunção é a palavra invariável que liga duas orações. Elas são classificadas em conjunções coordenativas e conjunções subordinativas.

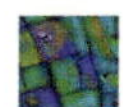

Conjunções coordenativas

Principais conjunções **aditivas**: e, nem, não só...mas também, não só...como também
Principais conjunções **adversativas**: mas, porém, contudo, todavia, no entanto, entretanto
Principais conjunções **alternativas**: Ou...ou, ora...ora, quer...quer, já...já
Principais conjunções **conclusivas**: logo, por isso, pois (depois do verbo), portanto, por conseguinte, assim
Principais conjunções **explicativas**: que, porque, pois (antes do verbo), porquanto

Conjunções subordinativas

Principais conjunções **temporais**: quando, enquanto, logo que	Principais conjunções **causais**: porque, visto que, já que, uma vez que, como (= porque)
Principais conjunções **comparativas**: que, do que, tão...como, mais...do que, menos...do que	Principais conjunções **concessivas**: embora, ainda que, mesmo que, apesar de, se bem que
Principais conjunções **conformativas**: como, segundo, conforme, consoante	Principais conjunções **consecutivas**: que (após "tal", "tanto", "tão", "tamanho")
Principais conjunções **finais**: para que, a fim de que, porque (=para que)	Principais conjunções **proporcionais**: à medida que, quanto mais, ao passo que, à proporção que

Prática

10-5. Leia as afirmações abaixo e reflita sobre si mesmo/a. Em seguida, coloque **V** se elas forem pertinentes a sua vida ou, caso contrário, coloque um **F**.

a. Embora goste muito de ler, leio apenas o material do trabalho e/ou da escola. ( )

b. Ainda que eu adore escrever, fico intimidada/o se tenho de fazer um texto para um número maior de leitores. ( )

c. Costumo ler as críticas antes de assistir a um espetáculo, a um filme etc. Todavia, procuro sempre recorrer a mais de uma fonte. ( )

d. Acredito que a crítica possa iluminar uma obra de arte. ( )

10-6. Tomando como base as afirmações acima, crie mais quatro afirmações sobre si mesmo/a. Pelo menos uma delas deve ser falsa. Lembre-se de usar conjunções.

____

____

____

____

____

____

____

____

10-7. Escolha seis afirmações que aparecem nos dois exercícios precedentes e transforme-as em perguntas. Em seguida, use-as para entrevistar um/a colega. Finalmente, compartilhe o que descobriu com os demais colegas da turma.

____

____

____

____

____

____

____

____

Para saber e praticar mais? Consulte o Caderno de Produção.

Ler é viver através de outros olhares (I)

Aquecimento

10-8. Quais são alguns dos escritores que fazem parte do cânone da literatura escrita em português? Identifique ao menos quatro escritores de pelo menos três países diferentes de fala portuguesa.

____

____

____

____

____

____

10-9. Definições. Quais são as definições das palavras ou expressões? Faça a correspondência entre as colunas da direita e da esquerda.

a. abordagem	( ) livrar-se de alguém ou de algo, jogar no lixo
b. ardiloso	( ) acordar do sono; acordar de uma situação irreal para uma situação real; provocar; atiçar
c. descartar	( ) aproximação, modo de fazer algo, metodologia de pesquisa
d. deslocar	( ) tirar algo ou alguém de algum lugar; transferir; mover
e. despertar	( ) entusiasmante
f. empolgante	( ) astucioso, destro, enganador, sagaz

A nova geração literária do Brasil

A nova geração literária brasileira é frequentemente classificada sob a rubrica de autores "não estabelecidos" ou "não canônicos", artistas que são excluídos do processo canônico de consagração, por diversos motivos ou critérios frequentemente categorizados como valor estético, qualidade, faixa etária, desconhecimento, acessibilidade, visibilidade etc. O grande e contínuo debate sobre a formação do cânone no Brasil, e noutras nações, levanta tais critérios e outros que, na maior parte dos casos, são subjetivos e, sem dúvida, formalizados por vozes de uma elite ou hierarquia sócio-cultural – os "grandes guardiões" ou porteiros da alta cultura –, por exemplo, certos intelectuais, críticos, diretores de museus, professores, escritores, editores e artistas. É reconhecido que o cânone literário brasileiro geralmente valoriza somente os escritores estabelecidos e consagrados por tais critérios e vozes.

Dada esta situação cultural, percebe-se que existe uma demasiada concentração sobre o eixo canônico e não canônico. Ultimamente, a argumentação sobre a formação do cânone e o acesso a ele não se baseia somente numa abordagem simplista de exclusão ou inclusão, de hierarquia ou de classe, mas sim na "constituição e na distribuição de capital cultural" (para usar o termo de Pierre Bourdieu) ou, em outras palavras, num problema de acesso, mas acesso aos meios de produção literária e seu consumo, levando em conta o controle, os meios inflexíveis e quase autoritários empregados por instituições educacionais afetadas pela ordem social. Por isso, é significativo sublinhar o papel potencial da produção contemporânea, ao lado da produção consagrada, dentro da ordem social em geral. Nessa linha, a avaliação e o ensino de literatura hoje em dia têm de ser feitos por meio de uma abordagem inclusiva, sim, mas também interdisciplinar, porque isolar a disciplina de literatura das outras resulta no seu aprisionamento numa torre de marfim e, além disso, limita sua contextualização num mundo constantemente em transição. Não estamos falando somente do debate controverso sobre os Estudos Culturais, mas de avaliações da literatura abordada por novos códigos pertinentes às realidades do passado e do presente, como, por exemplo, a ótica pós-colonialista e expressões de gênero ou de raça que possam dialogar com os discursos do passado e de hoje. Menosprezar a literatura contemporânea é descartar o que ela pode nos comunicar sobre a compreensão do nosso mundo atual. Tratar somente das obras clássicas porque são consagradas e, portanto, seguras em termos de qualidade ou valor estético, aponta para uma ênfase desnorteada e restrita, à custa de um conteúdo que tem a capacidade de oferecer a alunos e indivíduos perspectivas profundas sobre a atual condição humana.

Nessa linha de pensamento, a nova geração brasileira ilustra como a literatura contemporânea dialoga incisivamente com o mundo real, como, por exemplo, na obra de Bernardo Carvalho ou Cíntia Moscovich. Carvalho manifesta esse diálogo através da sua invenção de mundos imaginários e evocativos, fora e dentro do Brasil, existências que desestabilizam noções de identidades fixas, levantando assim questões pós-modernas ou pós-coloniais através de seus romances transnacionais como *O sol se põe em São Paulo, Mongólia e Nove noites,* invocando neles o geográfico e o espiritual do ser contemporâneo e, sobretudo, inserindo indiretamente, através de narrativas empolgantes, a problemática de pertencimento, uma questão existencial que toca a todos nós hoje em dia. No

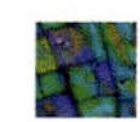

caso de Moscovich, temos uma voz feminina que aborda questões correntes de sexualidade e gênero, mas por ângulos inusitados e singulares, juntamente com desafios culturais perante a formação da identidade pessoal, familiar, étnica e nacional. Outros exemplos são escritores como Milton Hatoum (questões étnicas e regionais), Marcelino Freire (*tableaux* sobre raça), Daniel Galera e Rodrigo Lacerda (mundo urbano), e Luiz Ruffato (violência e caos urbano), Ferréz (voz da periferia, da favela), Joca Reiners Terron (visões do marginal), Verônica Stigger e Andrea del Fuego (pós-feminismo), e muitos outros que lidam com a atualidade brasileira de modo ardiloso e comunicam através dos seus personagens questões de raça, sexualidade, etnia, gênero, hibridez cultural, imigração, diásporas, multiculturalismo, urbanismo e amor.

Nelson H. Vieira

Refletindo sobre a leitura

10-10. Por que a literatura contemporânea muitas vezes fica subjugada à literatura clássica, ao chamado cânone?

10-11. Como você estudou literatura? Estudou apenas os escritores já reconhecidos? Pensando nas palavras acima de Nelson Vieira, qual é o problema de se estudar somente literatura clássica?

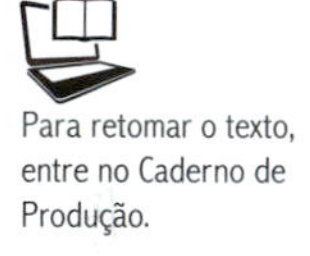

Para retomar o texto, entre no Caderno de Produção.

10-12. Quais são as questões e os temas atuais com os quais a literatura clássica não pode ou não consegue dialogar com efetividade?

No estúdio – Entrevista com Luiz Ruffato

Aquecimento

10-13. Você acredita que as crianças que nascem em lares onde não há livros levam desvantagem na escola? Por quê?

10-14. Você conhece algum intelectual cujos pais não tenham tido acesso a uma educação de qualidade?

10-15. Você acha que um semi-analfabeto pode ocupar um cargo político?

10-16. Você já leu algum livro no qual o protagonista é um operário?

10-17. Você conhece o sentido de "ABC" no universo urbano brasileiro?

Melodias da língua. Agora ouça a gravação.

10-18. Apresente uma das razões pelas quais Ruffato tornou-se escritor.

10-19. Por que os pais de Ruffato se mudaram para Juiz de Fora?

10-20. Ruffato menciona que levou um susto em certa altura de sua vida. Que susto foi esse? Qual foi o maior susto que você levou na vida?

10-21. Segundo Ruffato, como eram as escolas em Cataguases? E em sua cidade, como são as escolas?

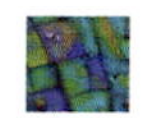

Intervalo para a gramática (II)

Verbos de ligação

Os verbos de ligação ligam o sujeito e suas características. Eles não indicam ação. Exemplo: "A família é uma instituição poderosa no Brasil". Os diferentes verbos de ligação exprimem uma grande sutileza: representam características duradouras ou momentâneas.	**Ser:** é o verbo de ligação que apresenta característica mais duradoura. Pode ser usado para estabelecer características permanentes. Exemplo: "Entre nós, a família é tudo e vale por tudo".
Estar: exprime características momentâneas. Exemplo: "Estamos empolgados com a nova professora de Literaturas Africanas de Expressão Portuguesa".	**Permanecer:** é o verbo de ligação que apresenta características que surgiram no passado (próximo ou não) e que duram até o tempo do enunciado e possivelmente além. Exemplo: "A família nuclear permanece um símbolo rico carregado de grandes expectativas sociais".
Ficar: de todos os verbos de ligação, "ficar" é o que exprime as características mais momentâneas e que surgiram de repente. Exemplo: "Todos ficam impressionados quando descobrem as sutilezas que uma língua expressa".	**Tornar-se, Transformar-se, Virar:** assim como o verbo "ficar", exprimem características mais duradouras. Exemplo: "Metaforicamente, o pai patriarcal virou a autoridade contra a qual muitos escritores desenvolveram projetos de resistência [...]".

Prática

10-22. Sobre você. Escolha três verbos de ligação e escreva um parágrafo anônimo de cinco a dez linhas que o/a descreva física e intelectualmente. Em seguida, seu/sua professor/a vai passar recolhendo os textos.

Para saber e praticar mais? Consulte o Caderno de Produção.

10-23. Adivinhando você. O/A professor/a vai ler os parágrafos em voz alta e vocês terão de descobrir os autores dos mesmos.

Ler é viver através de outros olhares (II)

Aquecimento

10-24. Quem foi Sérgio Buarque de Holanda? Por que ele é uma figura tão poderosa?

10-25. Quando Getúlio Vargas esteve no poder no Brasil? Qual foi o seu fim?

10-26. Quem é Roberto da Matta? Dê o nome de pelo menos dois dos seus livros.

10-27. Definições. Quais são as definições das palavras ou expressões? Faça a correspondência entre as colunas da direita e da esquerda.

a.	laços	( ) descendência, filhos
b.	destacar	( ) colocar algo ou alguém em evidência
c.	moldar	( ) alterar a forma e/ou o sentido das palavras
d.	prole	( ) ligações
e.	distorcer	( ) colocar algo ou alguém dentro de um padrão pré-estabelecido

Leituras da família

A família é uma instituição poderosa no Brasil desde o período colonial, e a família nuclear permanece um símbolo rico carregado de grandes expectativas sociais. Famílias exigem compromisso e lealdade, mas em troca a estrutura da família oferece proteção, carinho, identidade e "os laços de sangue e de coração", como diz Sérgio Buarque de Holanda.

Dentro da família, o pai exerce um papel fundamental em termos reais e simbólicos. Ele ocupa uma posição privilegiada de autoridade patriarcal que preside aquilo que a família proporciona: carinho, proteção e identidade. Mas, nesse modelo, o pai também representa a lei e a autoridade. Sua influência afeta a identidade de todos os membros da família e estende-se muito além dos limites da casa, moldando as hierarquias de poder e as dinâmicas de gênero, classe e raça. Dado o seu poder na cultura, talvez seja inevitável as muitas e várias ansiedades paternais expressas na produção literária.

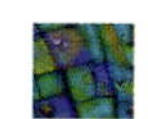

Sendo um modelo tão poderoso, não é de se estranhar que o poder simbólico e real das relações familiares permeie as estruturas do governo e de outras instituições sociais. O discurso dos políticos também muitas vezes se apropriou do poder metafórico da família – e sobretudo do pai – para consolidar e legitimar sua autoridade. Durante a ditadura militar, como também ocorreu durante o governo de Getúlio Vargas, os militares apropriaram-se do discurso familiar e patriarcal para justificar suas ações. Os que resistiram foram expulsos da "família" ou foram tratados como filhos pródigos que precisavam se arrepender – resultado de uma identificação total entre família e Estado –, seus direitos de cidadão foram negados e esses indivíduos viveram o pior que a sociedade pode oferecer: a injustiça, a tortura, o exílio e a morte. A família não é, em si, uma instituição democrática, e os governantes militares justificaram-se por meio de uma visão política que imaginava o país fundamentalmente como uma família. Diz Roberto DaMatta: "Entre nós, a família é tudo e vale por tudo. Aqui, ela 'embebe' a própria sociedade com suas regras, a tal ponto que todo político sabe que a melhor imagem de tranquilidade para o país é o grande paradigma da nação como uma família, onde o povo é a prole e os pais são os governantes".

Durante o período da ditadura militar, a figura do pai na produção literária não pôde deixar de ser identificada com o governo autoritário e paternal. Metaforicamente, o pai patriarcal virou a autoridade contra a qual muitos escritores desenvolveram projetos de resistência e revolução para promover os direitos de mulheres, negros, homossexuais, pobres e outros grupos marginalizados. O progresso social tem sido caracterizado como uma derrota do pai conservador e seus antigos valores. A literatura produzida durante o período da ditadura militar frequentemente representava a repressão e a violência do governo através do simbolismo de dramas de famílias. Romances como *Lavoura arcaica,* de Raduan Nassar, ou *As meninas,* de Lygia Fagundes Telles, por exemplo, reproduzem o discurso patriarcal para poder contestá-lo. Esses romances não apenas espelham o mundo doméstico e patriarcal, mas também revelam a visão monológica da autoridade patriarcal e, simultaneamente, servem para distorcer, desprezar e subverter essa autoridade.

A família brasileira mudou muito desde os anos 60, assim como ocorreu fora do Brasil. As dinâmicas da casa continuam a se transformar e a imagem do pai autoritário está, de certa forma, desaparecendo. Alguns diriam que essa transformação está hoje tão completa que o pai como uma autoridade no lar está perdido. Como afirma Luis Fernando Verissimo: "O pai da família Brasil é um perplexo. Sua pouca autoridade vem do fato de não estar entendendo mais nada". Porém, cabe destacar, entre vários romances contemporâneos que tratam da família, *O filho eterno,* de Cristovão Tezza, que demonstra que a figura do pai patriarcal não está desaparecendo, mas está numa fase de transformação. De forma inusitada, esse romance oferece um novo olhar sobre a família ao proporcionar ao pai e à masculinidade novas formas de ser que não são autoritárias.

Rex Nielson

Refletindo sobre a leitura

10-28. Há uma relação entre o fato de Brasil ter sido um país colonizado e essa noção de paternalismo?

10-29. Por que Getúlio Vargas era visto, e ele próprio se via, no papel de pai da nação?

10-30. Por que você acha que o papel do pai na sociedade brasileira está em transformação e como isso é retratado na literatura?

A vida em arte

10-31. Você acha que existe um conjunto de livros que todos deveriam ler? Caso sua resposta seja positiva, quais seriam os critérios para fazer essa lista?

10-32. Caso você precisasse indicar dez livros que deveriam ser lidos por qualquer pessoa, quais seriam eles?

10-33. A literatura epistolar teve sempre grande importância. Você acredita que essa importância se mantém nos dias de hoje? Você acha que as novas tecnologias tiveram algum impacto nesse gênero literário?

 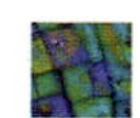

Intervalo para a gramática (III)

Concordância nominal e verbal

Concordância nominal	Concordância verbal
Há concordância nominal quando existe uma harmonia de gênero e número entre um substantivo e seus termos referentes, ou seja, adjetivos, artigos, numerais e pronomes. Exemplo: as duas moças mais simpáticas do mundo.	Há concordância verbal quando o verbo varia em número e pessoa conforme seu sujeito. Exemplo: Maria e eu fomos a um sarau de poesia.

Concordância nominal

Há casos que geram dúvidas. Por exemplo, quando um adjetivo se refere a vários substantivos há dois casos de concordância.

Adjetivo anteposto	Adjetivo posposto
Se o adjetivo estiver anteposto, ou seja, vier à frente dos substantivos, haverá concordância em gênero e número com o substantivo mais próximo. Exemplos: Encontramos caídas as roupas e os prendedores. Encontramos caída a roupa e os prendedores. Encontramos caído o prendedor e a roupa.	Se o adjetivo estiver posposto, ou seja, vier após os substantivos, o adjetivo concorda com o substantivo mais próximo ou com todos eles (assumindo a forma masculina plural se houver substantivo feminino e masculino). Exemplos: A indústria oferece localização e atendimento perfeito. A indústria oferece atendimento e localização perfeita. A indústria oferece localização e atendimento perfeitos. A indústria oferece atendimento e localização perfeitos.

Concordância verbal

Há casos que podem gerar dúvidas como, por exemplo, quando o sujeito é representado por expressões partitivas e aproximativas.

Expressões partitivas	**Expressões aproximativas**
Quando o sujeito é representado por expressões partitivas, representadas por "a maioria de, a maior parte de, a metade de, uma porção de", entre outras, o verbo tanto pode concordar com o núcleo dessas expressões quanto com o substantivo que segue a expressão: A maioria dos alunos resolveu ficar. A maioria dos alunos resolveram ficar.	Quando o sujeito é representado por expressões aproximativas, representadas por "cerca de, perto de", o verbo concorda com o substantivo determinado por elas: Cerca de vinte candidatos se inscreveram no concurso de piadas.

Prática

10-34. Leia as afirmações abaixo e reflita sobre si mesmo/a. Em seguida, coloque **V** se elas forem pertinentes a sua vida ou, caso contrário, coloque um **F**.

( ) Quando você estava na escola, a maior parte dos livros eram escritos em inglês.

( ) Você já leu cerca de três livros sobre imigração.

( ) Sua universidade tem uma biblioteca e um corpo docente estupendo.

( ) Você já encontrou vazia uma caixa de bombons e um pacote de biscoitos que lhe deram de aniversário.

10-35. Tomando como base as afirmações acima, crie mais duas nos mesmos moldes, ou seja, usando conjunções. Em seguida, transforme as seis afirmações em seis perguntas e faça-as a um/a colega. Finalmente, compartilhe o que descobriu com os demais colegas da turma.

____

____

____

____

____

____

____

____

Ler é viver através de outros olhares (III)

Aquecimento

10-36. Definições. Relacione a coluna da direita com a da esquerda.

a. convívio	( ) língua franca usada no Brasil, banida pelo Marquês de Pombal
b. caboclo	( ) partilha de tempo e/ou espaço com alguém
c. epopeia	( ) poema épico em que se narram feitos heroicos; (fig) série de feitos heroicos
d. nheengatu	( ) palavra do tupi para designar uma pessoa cujos ancestrais são por um lado indígenas e, por outro, de origem europeia

Arquitetura das palavras

Eu não fui formado para ser escritor. Meu sonho era ser arquiteto e, de fato, eu fui arquiteto, mas abandonei a carreira de arquitetura. Mas a arquitetura ficou dentro de mim. A imaginação de espaços, a concepção de espaços, enfim, algo do arquiteto existe no escritor. Mas o meu primeiro contato com a literatura foi em Manaus, quando eu era ainda muito jovem. Eu sou de uma família amazonense-libanesa, meu pai e meus avós maternos eram libaneses. Uma das coisas mais importantes da minha infância foi o convívio com muitos imigrantes, não apenas libaneses, mas também judeus marroquinos. Os judeus da Amazônia são marroquinos, a imensa maioria. Portanto, judeus-árabes, caboclos do interior e índios. Eu lembro que as pessoas que trabalhavam em minha casa ainda falavam o nheengatu, que foi uma língua criada pelos portugueses e que era a primeira língua falada em Manaus até 1880. E minha avó, que era uma libanesa afrancesada que, como muitos libaneses cristãos, gostava de provocar meu avô falando francês, o que o deixava irritado. Ele dizia: "Você está falando a língua do colonizador, fala a sua língua". Eu ouvi essas línguas na minha infância, e foram importantes para eu perceber que o Brasil era um país de imigrantes assim como os Estados Unidos. Mas foi na escola pública em Manaus que eu tive contato com toda essa pirâmide social, na medida em que eu convivi com jovens de minha idade, mas de várias classes sociais, e isso teve uma repercussão depois em meu trabalho de ficção. Porque, como vocês devem saber, a literatura – não só a ficção, mas também a poesia – está muito ligada à experiência, à experiência de cada escritor ou de cada narrador. Muitas cenas e situações que aparecem em meus romances, às vezes até de uma maneira inconsciente, foram de uma certa maneira inspiradas por essa infância e primeira juventude vividas em Manaus. Coisas muito marcantes como, por exemplo, do ponto de vista da experiência urbana, da vida na cidade, os passeios que eu fazia com o meu avô pela Cidade Flutuante, que era de fato uma cidade que flutuava no rio Negro, em Manaus, e que depois foi destruída no final dos anos 60. As histórias que esse avô contava foram o primeiro livro que eu li. Então, esse primeiro livro que eu li não foi um livro lido, foram narrativas orais, numa época em que em Manaus não havia televisão. A cultura da imagem televisiva não passou pela minha infância nem pela primeira juventude. Sim, nos cinemas, mas não a imagem da televisão. Então, muita coisa do que eu ouvi naquela época de histórias desse narrador oral que era o meu avô foi importante. Inclusive no meu livro de contos há um desses contadores de histórias que tem muito a ver com o narrador de Walter Benjamin. O narrador é aquele que sabe, aquele que transmite uma experiência. Embora o romance seja uma forma da época moderna, ele está muito distante da experiência das epopeias da literatura clássica. Mas alguma coisa das epopeias clássicas passou para o romance moderno, que depende também

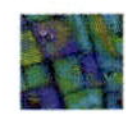

dessa experiencia do narrador. Eu acho que uma das crises hoje da literatura é a falta de experiência. Esse narrador que não assimilou uma certa experiência para contar as suas histórias.

Milton Hatoum

Refletindo sobre a leitura

10-37. A que tipo de experiências Hatoum está se referindo no texto?

10-38. Hatoum menciona que a falta de experiência é uma das crises da literatura. Quais seriam as outras?

10-39. Como você imagina a convivência dos imigrantes em Manaus durante a infância de Milton Hatoum?

10-40. Você conhece histórias da tradição oral? Quais são elas?

Dando voltas às palavras

10-41. Visite novamente o vocabulário das leituras I, II, III e do áudio. Escolha no mínimo cinco palavras ou expressões e construa suas próprias frases.

____

____

____

____

____

____

____

____

Cenários

10-42. Imagine que você é dono/a de uma editora. Como você vai definir o que será publicado? Como você pode diminuir o preço dos livros e torná-los mais acessíveis?

10-43. Devido à falta de verba, muitas instituições de ensino têm de eliminar alguns cursos do currículo. Imagine que sua escola vai tirar a literatura da grade curricular como já fizeram com a arte, a música e as línguas estrangeiras, por exemplo. Apresente argumentos favoráveis à manutenção do ensino de literatura.

Debates

10-44. Pense em como a literatura é ensinada nas escolas e universidades. Metade da turma vai defender que ensinar o cânone deve ser a prioridade nas instituições educacionais e a outra metade da turma vai defender o ensino da literatura contemporânea.

10-45. Fala-se que o livro como objeto físico pode vir a entrar em extinção. Metade da turma vai defender a leitura do livro físico e a outra metade vai defender a leitura por meios eletrônicos, argumentando que mais pessoas leem agora do que antes.

Portfólio

10-46. Se você for mulher, escreva um conto do ponto de vista de um homem. Se for homem, escreva-o do ponto de vista de uma mulher. Coloque-o dentro do seu portfólio.

Unidade 11

Tecendo culturas: artesanato, tecelagem e artefato

Imagem: Henrique Schucman. Tecelagem: Henrique Schucman.

Primeiros acordes

11-1. **Associando palavras e pensamentos.** Escreva todas as palavras que lhe vêm à mente ao ouvir a palavra "artesanato". Compare suas notas com as de um/a colega e depois compartilhem os resultados com a turma.

____

____

____

O que é artesanato?

"Alguns se perguntam qual é a diferença entre arte e artesanato... bem, eu diria que nenhuma."

~Carol Santos

"O artesanato é uma parte da técnica da arte, a mais desprezada infelizmente, mas a técnica da arte não se resume ao artesanato."

~Mário de Andrade

"Uma das características do artesanato, em contraposição à arte então nascente, é que esta se caracteriza pela busca de novas formas e estilos, enquanto o artesanato é conservador e repetitivo."

~Ferreira Gullar

"A diferença entre arte e artesanato é simples. O artesanato está contido dentro do universo da arte, consiste numa das formas de expressão artística."

~Flávio Coutinho

11-2. **Definições de artesanato.** Com qual/quais das quatro afirmações você se identifica mais? Numere a lista abaixo de 1 a 4, sendo (1) "Identifico-me muito" e (4) "Identifico-me muito pouco", com relação às afirmações feitas por:

( ) Carol Santos

( ) Mário de Andrade

( ) Ferreira Gullar

( ) Flávio Coutinho

11-3. **Trocando ideias.** Em duplas, discutam as escolhas que vocês fizeram no exercício anterior. Em seguida, façam um resumo da discussão que tiveram para toda a turma. De preferência, fale sobre seu/sua colega e vice-versa.

11-4. Momento biográfico

a. Tem algum artesão na sua família? Você se considera um artesão?
b. Você acha que há alguns tipos de artesanato mais artísticos que outros?
c. Você gosta de trabalhar com as mãos? Você gosta de tecer? Fazer cerâmica?
d. Você coleciona artesanato? Que tipo de artesanato?
e. Você gosta do artesanato de uma região ou país específico?
f. Você já foi a uma feira de artesanato?

Intervalo para a gramática (I)

Verbos reflexivos e recíprocos

Verbos reflexivos	**Verbos recíprocos**
O agente e o paciente são um só, porque o sujeito executa um ato sobre si mesmo. Exemplo: Maria sempre se olha no espelho antes de entrar no palco.	Os verbos recíprocos usam os mesmos pronomes que os reflexivos. São recíprocos porque exprimem fato ou ação mútua, recíproca. Exemplo: Eles se abraçam.
Exemplos de verbos reflexivos barbear-se, vestir-se, enfeitar-se, ferir-se, machucar-se, pentear-se, tatuar-se, olhar-se (no espelho), cansar-se etc. Qualquer um desses verbos aceita as expressões **a mim mesmo, a você mesma, a nós mesmos** etc.	Os verbos recíprocos usam os mesmos pronomes que os reflexivos. Eu me levanto. Tu te levantas. Ela se levanta. Você se levanta. A senhora/o senhor se levanta. Nós nos levantamos. Eles se levantam. Vocês se levantam. As senhoras/os senhores se levantam.

Prática

11-5. Marque Verdadeiro (**V**) ou Falso (**F**) diante das frases abaixo sobre si mesmo.

a. Você se mata de estudar. ( )
b. Você se anima com pequenas coisas. ( )
c. Você se deita tarde porque está sempre trabalhando. ( )
d. Sua família se reúne todos os anos no Dia de Ação de Graças. ( )
e. Você e seus amigos se policiam para não usar o celular enquanto dirigem. ( )

11-6. Andando em círculos. Encontre alguém da sua turma que:

a. gosta de usar roupas de brechó. ______________
b. não se lembra de ter ido a uma feira de artesanato. ___________
c. não se levanta cedo. ______________
d. não se anima facilmente para ir a museus. ______________
e. se arruma muito pouco para ir ao teatro. ______________
f. nunca se penteia. ______________
g. detesta se olhar no espelho. ______________
h. adora se olhar no espelho. ______________

11-7. Reflexão sobre os reflexivos. Construa um diálogo com pelo menos seis verbos reflexivos e recíprocos.

Pergunta: ____
Resposta: ____
Pergunta: ____
Resposta: ____
Pergunta: ____
Resposta: ____
Pergunta: ____
Resposta: ____
Pergunta: ____
Resposta: ____
Pergunta: ____
Resposta: ____

Para saber e praticar mais? Consulte o Caderno de Produção.

Ler é viver através de outros olhares (I)

Aquecimento

11-8. Palavras deslocadas. Em cada um dos conjuntos de palavras abaixo há uma palavra deslocada. Identifique-a.

a.	( ) sofá	( ) almofada	( ) geladeira
b.	( ) foca	( ) agulha	( ) linha
c.	( ) percurso	( ) itinerário	( ) sorvete
d.	( ) raiz	( ) lixo	( ) árvores

Os percursos de um tapeceiro

Patricia: Como é que você se tornou tapeceiro? Qual foi o seu percurso?

Henrique: Percurso. Perfeito. Bom, eu, de formação universitária, sou engenheiro e fiz elétrica aqui na USP, na Politécnica, e fiz especialização, não, o mestrado, na verdade, no Instituto de Energia Atômica, atualmente o Ipen, Instituto de Pesquisas Nucleares. E a minha área era *sight location*. Análise de localização de *nuclear power plants*, vamos dizer, de usinas de geração elétrica usando a energia nuclear. Mas eu fiz todas as matérias normais – física nuclear, engenharia e tal, mas eu me ative à análise de localização. E análise de localização, ela mexe com um método de otimizar a escolha do local, e para isso ela entra em 15, 20 ciências que vão da demografia à distribuição populacional e à hidrologia, por exemplo, porque ela se insere no país mexendo com tudo. Então, ela entra em áreas de segurança, de topografia, geologia, então eu acabei fazendo uma diversidade enorme de matérias quando eu fiz o mestrado.

Finalmente, o que mais me interessava mesmo eram os impactos ecológicos e os problemas ambientais da central nuclear. E isso já vinha da minha raiz de ter nascido no interior.

Patricia: Onde é que você nasceu?

Henrique: Eu nasci em Erechim, no Rio Grande do Sul, e os meus avós foram resgatados dos pogroms russos, eram todos judeus russos que vieram na primeira colonização, durante a Primeira Guerra Mundial, da Rússia. Então eu fui nascer numa cidade que já era assim uma cidade racional, de uma espécie de uma avenida que é uma coluna dorsal, com rótulas, com diagonais, com quadras de 100 metros, tudo certinho. Havia toda espécie de comunidade internacional. Tinha 17 nacionalidades no nascimento. Interessante que essa cidade, Erechim, é a única cidade no Rio Grande do Sul baseada no plano urbanístico, de ideais republicanos, da cidade de Washington, D.C. Hoje em dia ainda é uma cidade

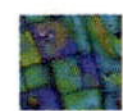

com toda aquela estrutura. Os meus amigos eram de todo lugar. Eu achava que era bem Brasil isso porque eu não conhecia o resto do Brasil: italiano, polonês, judeu, alemão, árabe, negros e índios, russos e suecos.

Patricia: E é assim até hoje?

Henrique: Até hoje é uma cidade bem diversificada e bem funcional, planejada. Muito interessante a cidade.

Patricia: Então você veio para São Paulo para estudar?

Henrique: Então, quando eu saí de lá, eu saí com 16 anos, porque éramos 6 irmãos e meu pai não queria cada num lugar diferente, ele queria todo juntos. E ele escolheu São Paulo para vir morar para cada um poder fazer faculdade, que era o sonho dos imigrantes que todo mundo estudasse. Porque para eles era proibido. A gente tinha que estudar. Aí era premiado. Passou, foi bem, viagem. Com 14 anos ele me botou num ônibus e me mandou sozinho para o Uruguai, para a Argentina, eu assustadíssimo, de prêmio por ter estudado bem. Meu pai, se um cara fosse um vendedor de livros, entrava em casa, passava horas e o meu pai comprava todas as enciclopédias. A minha infância foi muito rica culturalmente.

Eu tive, nessa fase lá da cidade (Erechim), essas coisas que... a gente, além de estudar, a gente ia para a Academia de Belas Artes, eu fazia pintura, escultura, e tinha uma professora que dava piano, outra que dava violino. Então, essa parte artística, quando eu fiquei com uns 14 anos eles só queriam que fosse um verniz, mas eu queria realmente. Então fui muito podado. Eles desestimularam de todas as formas possíveis. No fundo, eles não queriam que eu fosse. E aí você já era meio suspeito de querer entrar naquela área. Eles desestimulavam demais e você acabava escolhendo uma das três: medicina, advocacia e engenharia.

Patricia: E por que tapeçaria?

Henrique: Aí todas as coisas do tal do imprevisto que, hoje, olhando para trás, eu percebo que parece que não era imprevisto. Eu casei, a minha irmã resolveu me dar um presente, foi numa loja e comprou uma talagarça com um desenho do Mickey Mouse pra fazer com agulha mágica uma almofada para me dar de presente. Ela acabou odiando o trabalho e me deu todo o material. Sobrou um monte de talagarça porque ela comprou metros para tirar uma só almofadinha com a agulha. E nesse momento eu estava tendo esses sonhos e a primeira coisa que estava na minha mão para pôr para fora era essa talagarça. E então eu abri uma enciclopédia e caiu em Altamira, na Espanha, aquela caverna com os bisontes rupestres e a minha primeira obra então foi um bisonte. Tudo assim no afã de pôr para fora esse sonho, esse bisonte.

Henrique Schucman

Refletindo sobre a leitura

11-9. O que Henrique estudou e por que razão ele estudou isso? Quais foram algumas das matérias que ele fez?

11-10. Onde ele nasceu e como era essa cidade? O que a cidade tem em comum com Washington, D.C.?

11-11. Por que a família se mudou para São Paulo?

11-12. Quais eram as três profissões desejadas naquela época no Brasil?

11-13. Como e por que Henrique encontrou a tapeçaria?

No estúdio – Depoimento de Henrique Schucman

Aquecimento

11-14. Escolha o melhor sinônimo para as palavras abaixo:

a. atualmente
( ) no momento ( ) na verdade ( ) na realidade

b. afazeres
( ) ócio ( ) atividades ( ) preguiça

c. pousada
( ) ninho ( ) pequeno hotel ( ) porta-aviões

Melodias da língua. Agora ouça a gravação.

11-15. Qual é a principal atividade de Henrique Schucman?

11-16. Qual é a função da Pousada do Tapeceiro?

11-17. Qual é a relação de Henrique com a jardinagem?

11-18. Quantas atividades Henrique tem ao todo? Quais são elas?

Intervalo para a gramática (II)

Modais

Os verbos modais atribuem certa característica ao verbo principal. Nesses casos, o verbo principal flexiona-se no infinitivo impessoal e pode exprimir:

1. Obrigação (deônticos): *dever, necessitar, obrigar, precisar, ter de* etc.: Exemplo: *Para fazermos uma boa interpretação de Nelson Rodrigues,*

 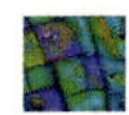

precisamos refletir muito.
Para sermos bons atores, devemos saber dançar, cantar etc.

2. Possibilidades (epistêmicos): *dever, poder* etc. Quando esses verbos se flexionam no futuro do pretérito (condicional), a ênfase na modalidade epistêmica é ainda maior.
Exemplo: *Há artistas que são capazes de se expressar através de vários tipos de arte, mas em geral eles se concentram em um único tipo. Sempre me pergunto: será que eu deveria procurar outras possibilidades?*

Observações

Pelo fato de estes verbos atribuírem característica ao verbo principal, suas funções são idênticas às dos advérbios de modo (*possivelmente, provavelmente* etc).

Se o verbo principal for substituído por complemento verbal, não se trata mais de verbo auxiliar, e sim transitivo.
Exemplo: *Para atuarmos bem, precisamos de estudo.* (verbo transitivo)

Prática

11-19. Diálogo entre uma mãe e um adolescente. Sublinhe todos os modais e classifique-os como sendo de obrigação (deônticos) ou de possibilidade (epistêmicos).

Cecília: Filho, ando muito preocupada com você. Luís Antônio, você deveria procurar outra profissão.

Luís Antônio: Não acho que deva. Por que eu faria isso, mãe?

Cecília: Para nos sairmos bem na vida, precisamos de uma profissão estável. E nós, para sermos bons pais, precisamos aconselhar os filhos.

Luís Antônio: Não pensei que a vida fosse tão difícil de viver.

11-20. Jogos de intensidade. Construa um diálogo sem usar modais.

Pergunta: ____
Resposta: ____
Pergunta: ____
Resposta: ____
Pergunta: ____
Resposta: ____

Pergunta: ______________________________

Resposta: ______________________________

Pergunta: ______________________________

Resposta: ______________________________

Pergunta: ______________________________

Resposta: ______________________________

11-21. Jogos com menos intensidade. Repita o mesmo diálogo, mas inserindo modais. Reflita sobre possíveis mudanças no tom da conversa.

Pergunta: ______________________________

Resposta: ______________________________

Pergunta: ______________________________

Resposta: ______________________________

Pergunta: ______________________________

Resposta: ______________________________

Pergunta: ______________________________

Resposta: ______________________________

Pergunta: ______________________________

Resposta: ______________________________

Pergunta: ______________________________

Resposta: ______________________________

Para saber e praticar mais? Consulte o Caderno de Produção.

Ler é viver através de outros olhares (II)

Aquecimento

11-22. Encontre a palavra fora de lugar. Em cada um dos conjuntos de palavras abaixo, há uma deslocada. Identifique-a.

a. ( ) bijuteria ( ) pedras ( ) ouro
b. ( ) jóia ( ) prata ( ) plástico
c. ( ) colar ( ) colher ( ) acessório
d. ( ) tijolo ( ) tecido ( ) pulseira
e. ( ) sementes ( ) tapeçaria ( ) circo

Semeando ideias, criando peças

Ana: Comecei a fazer essas bijuterias assim, não foi nada consciente, programado, mas era uma coisa que tava dentro de mim. No começo eu fazia para mim, pra presente, minha irmã levava para a empresa, todo mundo comprava, amigos.

Até uma conhecida do prédio onde eu morava falou: "Ana, eu vou te apresentar para o pessoal da Feira do Centro de Convivência, o seu trabalho é muito diferenciado. Você tem que estar lá". E aí o coordenador me ligou para fazer o teste e em seguida eu comecei, e faz dez anos que eu estou na Feira.

Patricia: Então você começou estudando psicologia e chegou a trabalhar na área de psicologia?

Ana: Trabalhei uns seis anos.

Patricia: Desde pequena fazendo bijuterias, usando....

Ana: Fazendo, usando, gostando muito de acessórios, bijuterias. E eu sempre acompanhava a minha mãe à aulade tapeçaria; minha irmã já nunca foi muito ligada a isso. Eu sempre acompanhava.

Patricia: Sua mãe fazia, então?

Ana: Fazia. E hoje me ajuda muito, inclusive. O processo de criação é bem meu, mas meus pais me ajudam muito fazendo, montando, algum tipo de trabalho com que eles se identificam. É um número de peças grande e eu não conseguiria fazer sozinha.

Patricia: Uma das coisas que eu noto nas suas peças é que você usa materiais brasileiros, né? Há uma preocupação em usar sementes nossas, por exemplo.

Ana: Eu trabalho com pedras brasileiras, nada assim. Eu gosto muito de trabalhar com peças rústicas – nada muito lapidado, né, e de preferência, assim, não com muito metal também. Então as pedras, as sementes, sementes de açaí, diversas sementes. O coco também acho que é um material que fica muito interessante de você misturar com a pedra. O coco dá um aspecto um pouco... pode ser o coco marrom, o coco mais claro, ele dá um aspecto mais... para não ficar só pedra, por causa do peso do colar, assim fica mais leve também.

Patricia: Quais são as suas fontes de inspiração?

Ana: Eu busco referências. Na moda, de uns três anos para cá, eu tenho ficado bastante antenada com isso. Inclusive a questão de eu colocar tecido nas peças vem dessa coisa de ver roupas, né? Então eu tenho trabalhado muito assim com pedra, sementes brasileiras, tecido, lã, vários tipos de fibras.

E tem a coisa das artes também, de estudar um pouco de arte, que não me dá um subsídio direto para o trabalho, mas abre a cabeça para você olhar o mundo, vamos dizer, que tá ao redor e se inspirar a partir disso.

Patricia: E você vive hoje em dia da sua arte?

Ana: Vivo. Vivo da minha arte.

Ana Rizzo

Refletindo sobre a leitura

11-23. Quais foram as possíveis razões para Ana Rizzo mudar de profissão?

11-24. O que significa um trabalho diferenciado?

11-25. Como é que a família faz parte do seu trabalho?

11-26. O que você acha da vida da Ana como artesã?

11-27. Ana usa muitos materiais brasileiros. Quais são eles?

11-28. O que a Ana considera inspirador?

A vida em arte

11-29. Você considera artesanato arte?

11-30. Qual é a sua impressão sobre as feiras de artesanato?

11-31. O que você acha da arte encontrada em espaços públicos?

 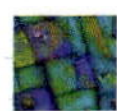

Intervalo para a gramática (III)

Cognatos

Cognatos são palavras que têm origem comum. Os falsos cognatos, também conhecidos como falsos amigos, são palavras com grafia semelhante, mas sentido diferente.

Alguns exemplos de falsos cognatos do inglês na língua portuguesa.

Inglês	Falso cognato	Tradução
actually	atualmente	na verdade
alias	aliás	pseudônimo
appoint	apontar	nomear
college	colégio	universidade
comprehensive	compreensivo	abrangente
injury	injúria	machucado
sensible	sensível	sensato
sensitive	sensitivo	sensível
deceive	decepcionar	enganar

Prática

11-32. Preencha as lacunas com a palavra correta. Conjugue o verbo conforme necessário e flexione as palavras.

Banco de palavras:

> animado/a – candidatura – esquisito/a – especiarias – aplicar – sensível – especialidade(s) – sensato/a

Rita: Oi, Camila, você vai à feira *hippie* hoje?

Camila: Depois de eu acabar minha ________________ para a pós-graduação, eu vou para a farmácia para que me ________________ uma injeção, só aí eu poderei ir à feira.

Rita: É, sua voz está ________________ mesmo, o que não é muito bom para uma cantora de ópera. Sua garganta é muito ________________, e eu acho extremamente ________________ da sua parte passar na farmácia.

Camila: Mas eu faço questão de ir. Não posso deixar de comer todas aquelas ________________ da Bahia. Além disso, vou comprar umas ________________ que só tem lá. Estou super ________________.

11-33. Monólogo dialogado. Escreva um diálogo em que as pessoas pensam que estão se comunicando, mas na verdade não é o que acontece devido aos "falsos amigos".

Pergunta: ____

Resposta: ____

Pergunta: ____

Resposta: ____

Pergunta: ____

Resposta: ____

Pergunta: ____

Resposta: ____

Pergunta: ____

Resposta: ____

Pergunta: ____

Resposta: ____

Para saber e praticar mais? Consulte o Caderno de Produção.

Ler é viver através de outros olhares (III)

Aquecimento

11-34. Definições. Relacione a coluna da direita com a da esquerda.

a. artefato	( ) conjunto do vocabulário usado em uma determinada ciência ou arte
b. patrimônio	( ) objeto produzido por trabalho mecânico ou manual. Em arqueologia, é um objeto ou parte de um objeto feito pelos seres humanos, que dá pistas sobre a época em que viveram
c. nomenclatura	( ) conjunto de bens materiais ou imateriais
d. cesto	( ) conjunto de roupas e acessórios ou modo de se vestir de determinada época, região ou povo
e. indumentária	( ) recipiente feito de fios naturais ou artificiais entrelaçados

A singularização das artes indígenas

Edson: Meu nome é Edson Luis Gomes. Eu sou arqueólogo por formação. Trabalho com etno-história e etnografia. Estamos em Campinas, São Paulo, dentro do Ameríndia, onde encontramos arte indígena brasileira e peças de arqueologia.

A gente, infelizmente, também tem que usar a arte indígena no singular, que também poderia usar no plural – que seriam artes indígenas –, porque eu trabalho com mais de 150 povos. Mas aí a gente usa essa nomenclatura "arte indígena" como uma forma genérica de atingir o público que está interessado na arte indígena especificamente.

Agora, arte ou não arte? Também essa é a outra questão. Talvez a gente vá num instituto de artes, por exemplo, de uma universidade conceituada e eles vão fazer essa pergunta para mim: "Mas por que arte? Será que isso é arte?" Então, seria interessante a gente definir a linguagem para o trabalho que você vai estar executando. Então você fala: "Você trabalha com arte indígena brasileira?" Eu diria para você que eu também trabalho com arte indígena brasileira.

O universo desse patrimônio material nativo que nós temos hoje é um universo gigante. Ele é um universo que eu, na minha área, diria que eu não sei 10% do que eu precisaria saber. Por quê? Porque eu conheço as principais bibliotecas das principais universidades do Brasil. Conheço as reservas técnicas dos principais museus etnográficos brasileiros. A semana passada, por exemplo, eu estava na reserva técnica do Museu de História Natural com o professor Robert Carneiro, que é o curador do museu e que é meu amigo. Então eu consigo ver tanto do Smithsonian, por exemplo, em Washington, ou do Museu de Berlim, onde tem uma coleção indígena maravilhosa. Eu consigo ver as publicações e o material. A literatura que temos que fala exclusivamente do artefato, ela é uma literatura extremamente pequena. Então, o que acontece? Eu estou dentro de uma coleção, trabalhando, como eu estava no Maine, e eu me deparo com artefatos que a literatura não retratou e que eu nunca vi.

Hoje nós temos vivos em torno de 225, 230 povos que ainda estão aí que são povos com contato. E, segundo números da Funai (Fundação Nacional do Índio), há entre 25 e 33 povos que estão em condição de isolamento total . . . mas eu não sei qual é o número dos povos isolados. Então você multiplica, vamos pegar cada etnia, cada grupo, produz aí uma média de 30, 40 artefatos. Multiplica isso por esse número de povos. A gente está falando agora, contemporaneamente falando. Mas no pós-contato, depois que os portugueses chegaram ao Brasil até agora, 1500 grupos foram extintos. Então esse contato, esse processo de colonização que sofreu aí já o Brasil, ele agiu, ele veio de forma desastrosa com relação à preservação, por exemplo, da linguística. Hoje 188 línguas são faladas no Brasil fora o português. Quase ninguém sabe disso. E não estamos falando das línguas dos povos isolados, porque nós não temos contato.

Patricia: E não estamos falando dos grupos que já foram extintos.

Edson: Então vamos pegar dos 1500 grupos e vamos dizer que esses 1500 falavam mais 1000 línguas. Agora você pega, multiplica esses 1500 grupos que foram extintos. . . . Quantos artefatos, quantas armas, quantos cestos, quantas cerâmicas, quantos instrumentos de uso do cotidiano, indumentária. . . . Então por aí você vê, o tamanho é gigante. . . .

Patricia: Daquilo que foi perdido.

Edson: E do que tem e nós não temos registrado. Uma parte do meu trabalho hoje em dia qual é? Eu minuciosamente fotografo, digitalizo. Faço uma foto digital com uma escala de todos os meus artefatos e tento identificar. Posso dizer para você que 99% do que temos hoje no Ameríndia são peças que são 100% identificáveis. Elas têm procedência. Agora estou começando um processo de dar nome científico para todas as espécies de plantas. Porque aqui a arte indígena é basicamente extrativista. Na questão do material, eles utilizam vários tipos de barro, de palha, de folha, vários tipos de ossos, de animais, de madeira. Então, assim, é uma riqueza muito grande também a diversidade de materiais que eles têm no Brasil.

Edson Luis Gomes

Refletindo sobre a leitura

11-35. Qual é a visão do Edson em relação à diversidade da arte indígena?

11-36. Edson discorre sobre alguns museus que guardam artefatos de indígenas brasileiros. Nem todos esses museus são no Brasil. Você se surpreendeu com o fato de museus fora do Brasil terem artefatos de indígenas brasileiros? Por que eles teriam acesso a esses artefatos?

11-37. O que se perdeu com a chegada dos colonizadores? Quando os portugueses chegaram ao Brasil pela primeira vez?

11-38. Quais são alguns materiais com os quais os índios trabalham?

11-39. O número de tribos o/a deixou surpreso/a?

Dando voltas às palavras

11-40. Visite novamente o vocabulário das leituras I, II, III e do áudio. Escolha no mínimo cinco palavras ou expressões e construa suas próprias frases.

____

____

____

____

____

____

____

____

Cenários

11-41. Você e seu amigo estão numa feira de artesanato que reúne trabalhos de diferentes países lusófonos. Vocês querem comprar algum trabalho de três desses países. Descubram três artesanatos representativos dos países que vocês escolheram. Aqui estão alguns países: Moçambique, Angola, Cabo Verde, Portugal, Açores, São Tomé e Príncipe, Macau e Brasil, por exemplo.

11-42. Você está no aeroporto de um país lusófono, pronto para embarcar de volta aos Estados Unidos. Você comprou algumas coisas numa feira de artesanato, mas não estão deixando você passar pela alfândega. Dizem que o que você comprou é patrimônio cultural e, portanto, não pode sair do país. O que você pode ter comprado?

Debates

11-43. Imagine que você trabalha num museu. Você descobriu uma artista genial e acha que ela deve expor no museu. Por se tratar de artesanato, o curador do museu não quer deixar. Metade da classe vai argumentar a favor de que haja a exposição e a outra metade vai argumentar contra a exposição do trabalho da artista.

11-44. A arte tem diversos papéis na sociedade. Por exemplo, existe uma dicotomia entre a arte utilitarista e a arte pela arte. Dividam-se em grupos; cada grupo vai se posicionar a favor de uma ou de outra visão.

Portfólio

11-45. Escolha um artefato ou uma peça de artesanato e identifique sua origem. Faça uma descrição dele/a como se você fosse catalogar essa peça de artesanato ou artefato para expor num museu. Se possível, traga para a sala de aula uma foto desse objeto e a ficha que você produziu.

Unidade 12

A arte de ser no mundo de língua portuguesa

Imagem: João Kulcsár.

Primeiros acordes

12-1. **Associando palavras e pensamentos.** Escreva todas as palavras que lhe vêm à mente ao ouvir as palavras "a arte de ser". Compare suas notas com as de um/a colega e depois compartilhem os resultados com a turma.

____

____

____

Qual é o impacto da arte na sua vida?

"A arte que eu faço me faz."
~Sophie Barbasch

"O que me interessa na arte é a possibilidade, ainda rara, da transcendência. Quando a arte acentua para mim a beleza, o mistério ou o humor da vida, transcendo no sentido de ganhar uma nova perspectiva, concentrar-me no que importa e ter mais confiança no mundo ao meu redor."
~Sophia Beal

"A arte é que deixa a vida um pouco mais iluminada. Um pouco mais temperada. E um pouco mais inspirada."
~Rebecca Dumas

"A arte me faz entrar em contato com uma parte de mim que tem autoestima, força, energia e coragem. A arte me abre caminhos desconhecidos e inesperados."
~Isadora Grevan de Carvalho

"Eu acredito no poder transformador da arte, na capacidade que o processo criativo tem para tornar o mundo melhor. A arte gera energia e sem ela nada faz sentido. Ela une as pessoas, faz com que a gente consiga refletir e entender melhor o porquê da vida. Arte é ação."
~Marguerite Harrison

 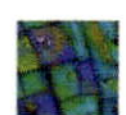

"A arte me faz acreditar que outro mundo é possível."

~João Kulcsár

"A arte desempenha um papel essencial na definição de nossas melhores ideias do que significa ser plenamente humano – a arte nos ensina, infinitamente, não o que devemos fazer, mas como devemos ser. A arte expande nossa capacidade de sentir empatia (ajudando-nos a compreender os outros tanto fora como dentro de nossa cultura) e humildade (obrigando-nos a enfrentar realidades complexas). Enfim, a arte nos ajuda a descobrir o mundo e nós mesmos."

~Rex Nielson

"Para mim, a arte produz perspectiva e prazer. Me surpreende. Me faz enxergar formas, relações e contrastes inesperados na vida. Enquadra e inverte o meu olhar. Cria espaço para outros olhares, canais críticos de comunicação. Me dá humildade."

~Gabriela O'Leary

"A arte é como eu quero a vida."

~Luca Prazeres

"A arte é humana; a arte respira. A arte toca comunidades inteiras; a arte me toca e me aproxima dos seres humanos, de tudo que está ao redor. A arte mapeia a vida."

~Patricia Sobral

"A arte em minha vida? É o pão e o circo."

~Guilherme Trielli

"A arte para mim é a rebelião, a colaboração, um sentido para o absurdo em toda situação e um esforço constante para fazer o mundo um pouco mais interessante."

~Jessica Vosburgh

"A arte faz com que eu preste mais atenção à beleza e ao significado da percepção cotidiana. Todo olhar contém elementos de uma composição; toda palavra, um poema adormecido; todo som pode ser uma música; todo movimento, uma dança. Tudo tem significado. O mundo é o Museu de Belas Artes de Deus: brincalhão, comunicativo, com propósito, vivo."

~Adam Wilson

"A vida não faz sentido se eu não danço."

~Elizabeth Zaita

12-2. **Relações entre pessoas e a arte.** As vinhetas acima são tentativas da parte de várias pessoas de retratar a sua relação com a arte. Com quais dessas vinhetas você se identificou mais? Escolha quatro vinhetas e elenque-as hierarquicamente.

Você se identificou completamente. Nome do/a autor/a:

____

Você se identificou muito. Nome do/a autor/a:

____

Você se identificou. Nome do/a autor/a:

____

Você se identificou um pouco menos. Nome do/a autor/a:

____

12-3. **Trocando ideias.** Em duplas, discutam as escolhas que vocês fizeram no exercício anterior. Em seguida, façam um resumo da discussão que tiveram para toda a turma. De preferência, fale sobre seu/sua colega e vice-versa.

12-4. **Momento biográfico**

a. Como é a sua relação com a arte?
b. A arte faz parte do seu cotidiano? Sempre fez? Nunca fez?
c. Qual é o papel das artes na sua vida atualmente?
d. Se sua biografia fosse uma obra de arte, qual seria?

12-5. Todas as vinhetas acima responderam à pergunta: "Qual é o impacto da arte em sua vida?". Agora é a sua vez de responder.

____

____

____

____

____

____

____

____

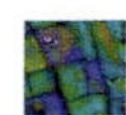

Intervalo para a gramática (I)

Ditados populares

Os ditados populares constituem um aspecto importante de todas as culturas. Trata-se de sentenças popularizadas ou consagradas pelo uso e são expressões que através dos anos se mantêm imutáveis, aplicando exemplos morais, filosóficos e religiosos.

Há uma grande quantidade de ditados populares. Eles podem ser agrupados por temas, tal como vemos no quadro abaixo:

Aparência	
O hábito não faz o monge. Por fora, bela viola, por dentro, pão bolorento. À noite, todos os gatos são pardos. Come frango e arrota peru.	
Dinheiro	**Amigos**
Amigo verdadeiro vale mais do que dinheiro. Dinheiro compra pão, mas não compra gratidão. Dinheiro emprestaste, inimigo criaste. Dinheiro não traz felicidade.	Amigo disfarçado, inimigo dobrado. Amigo, vinho e azeite, o mais antigo. No aperto do perigo, conhece-se o amigo. Quem avisa, amigo é.

Prática

12-6. No cotidiano. Crie um diálogo ou vários minidiálogos. Use pelo menos cinco ditados populares.

____

____

____

____

____

____

____

____

____

____

____

____

Para saber e praticar mais? Consulte o Caderno de Produção.

Ler é viver através de outros olhares (I)

Aquecimento

12-7. Faça a correspondência entre as colunas da direita e da esquerda.

a. esburacada	( ) região do Nordeste brasileiro coberta de uma vegetação com pouca folhagem, quase que exclusivamente composta de espinheiros e cactos
b. oneroso	( ) impossível de alcançar
c. inatingível	( ) custoso, caro, pesado
d. caatinga	( ) cheia de altos e baixos relevos ou buracos

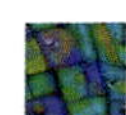

O entrelugar

Depois da velocidade a jato e da entorpecente corrida do Rio para Recife e de Recife para Petrolina, a estrada esburacada para o Piauí tornou a viagem consideravelmente mais lenta, deixando espaço para olhares de esguelha e contemplação. Para usar uma metáfora de viagem: sempre que viajo entre o Brasil e os EUA, eu me sinto como se fosse um carro navegando irregularmente na marcha errada. Fui criada em uma família bilíngue, cuja fidelidade estava dividida entre esses dois países. Meu oscilante sentido de pertencimento advém de uma sensação permanente de estar entre lugares, onde não há trégua. Isso significa que ao longo da minha juventude brasileira e idade adulta americana eu tenho sido considerada uma *outsider*, nunca me encaixando completamente nos padrões de nenhum dos dois países (não é de admirar que a palavra *dual citizenship* – dupla cidadania – muitas vezes parece que deveria ser *duel*, de duelo). Pensando no lado positivo, no entanto, eu venho mantendo persistentemente também o meu status de *insider*: atravessando fronteiras sem empecilhos (e legalmente) e sem angústia.

Embora eu fale português e inglês sem sotaque, minha mente e meu coração estão frequentemente em conflito, buscando a unidade inatingível. No noroeste da Bahia, a caminho da caatinga, os buracos eram profundos o suficiente para chacoalhar – e engolir momentaneamente – minhas dúvidas de identidade.

No Parque Nacional da Serra da Capivara – um dos lugares que mais mexe com os sentidos –, o que a tarefa de interpretar informalmente mais me ensinou, ironicamente, foi a humildade. Ser bilíngue é uma carga pesada. O que ela exige, pelo menos na versão pessoal que eu experimentei durante toda a minha vida, é aprender a andar na corda bamba, se equilibrando, com certeza, mas sempre pendendo para um lado ou para o outro: em outras palavras, ficar à vontade num espaço incômodo. Ser bilíngue exigiu que eu ouvisse com redobrada atenção, a fim de articular mais de uma versão unilateral da mesma história. Ao falar mais de um idioma e ao me nutrir de duas culturas, nunca estou inteiramente imersa nem em uma nem em outra. Em meu caso, pairo na imprecisão, na incerteza, na busca incessante de conhecimento, para ir mais fundo, para seguir adiante. Quando eu ensino o Brasil aos meus alunos, eu digo de cara que não sei todas as respostas. Eu os desafio a jamais pensar que eles também as saibam. Há sempre uma outra face do Brasil que revela um outro pequeno pedaço do quebra-cabeça. O Parque Nacional da Serra da Capivara fez isso por mim. Na sua majestade, em sua resistência orgânica, em suas profundezas arqueológicas, me ensinou a ouvir completamente, a interpretar com humildade.

Marguerite Itamar Harrison em *Brazil in Two Voices*
(traduzido e adaptado por Patricia Sobral & Clémence Jouët-Pastré)

Refletindo sobre a leitura

12-8. Como é, para a Marguerite, viver entre duas culturas? Há aspectos positivos? Quais seriam? Há aspectos negativos? Exemplifique.

12-9. É possível ser perfeitamente bilíngue? Isso é um peso? Uma máscara? Um sonho?

12-10. Uma pessoa pode ser fiel a dois países? Como isso funcionaria?

12-11. O que Marguerite aprendeu no Parque Nacional da Serra da Capivara?

No estúdio – Entrevista com Numa

Aquecimento

12-12. **Definições.** As palavras são polissêmicas, ou seja, adquirem sentidos diferentes, por vezes opostos. Abaixo, há quatro palavras à esquerda e quatro definições à direita. Faça a correspondência entre as duas colunas.

a. vulto	( ) astro luminoso; pessoa notável
b. mercado	( ) espaço onde se comercializam bens de diferentes naturezas; conjunto de potenciais consumidores de um produto ou serviço
c. visto	( ) figura pouco nítida; figura notável
d. estrela	( ) particípio passado do verbo "ver"; documento que permite a entrada de estrangeiros em um país

12-13. Há certas expressões que mudam totalmente o sentido original das palavras. Faça a correspondência entre as duas colunas.

a. tomar vulto	( ) entender algo; atualizar-se
b. tomar conta	( ) crescer, aumentar
c. tomar pé	( ) cuidar de algo ou de alguém; apoderar-se de algo

Melodias da língua. Agora ouça a gravação.

12-14. Numa fala que não tem um jeito só de ser artista. Quais seriam os jeitos de ser artista?

12-15. O que você acha que é um artista *underground*? Tem algum artista que você conhece que é um artista *underground*? Numa fala do "*underground* do *underground*", ao qual ela diz pertencer.

12-16. Qual é a diferença entre o *underground* do Brasil e o de Londres ou Nova York, por exemplo?

 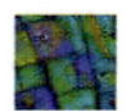

12-17. Por que você acha que a Numa faz de ser *underground* sua forma de ser? O que você acha que ela quer dizer com isso?

Intervalo para a gramática (II)

Expressões idiomáticas com as partes do corpo

Boca	
Ter boca mole.	Falar demais e revelar o que não deve.
Fazer boca de siri.	Guardar segredo.
Pegar com a boca na botija.	Pegar em flagrante.
Braço	
Dar o braço a torcer.	Admitir um erro.
Ser o braço direito.	Ser a pessoa de confiança.
Cabeça	
Ter cabeça de vento.	Ser irresponsável.
Viver com a cabeça na Lua.	Ser desatento, não prestar atenção.
Ser cabeça dura.	Ser teimoso.
Cotovelo	
Falar pelos cotovelos.	Falar demais.
Estar com dor de cotovelo.	Estar com ciúmes, sofrer por amor.
Orelha	
Estar com a pulga atrás da orelha.	Estar curioso ou desconfiado.
Olho	
Ter olho grande.	Ser invejoso/a.
Ter o olho maior que a barriga.	Comer mais do que pode.
Pescoço	
Ser carne de pescoço.	Ser uma pessoa difícil, que cria problemas.
Estar com a corda no pescoço.	Estar com problemas, sem dinheiro.

Prática

12-18. Crie um diálogo ou três minidiálogos empregando pelo menos cinco expressões que contêm partes do corpo humano.

____

____

____

____

____

____

____

____

____

____

____

____

Para saber e praticar mais? Consulte o Caderno de Produção.

Ler é viver através de outros olhares (II)

Aquecimento

12-19. Marque um "x" na frente da palavra que não pertence ao grupo.

a.	( ) torcedor	( ) tênis	( ) navio
b.	( ) futebol	( ) lousa	( ) arquibancada
c.	( ) graduação	( ) formatura	( ) futebol
d.	( ) sala de aula	( ) lousa	( ) arquibancada
e.	( ) pós-graduação	( ) formado	( ) chuteira

A bola e o quadro: o futebol na sala de aula

Quando era estudante da graduação, tive um professor de literatura clássica que às vezes dizia que a tarefa das ciências humanas era procurar o estranho no familiar e o familiar no estranho. Fiquei com essa ideia na cabeça e tentei criar em minhas aulas um ambiente em que os alunos reavaliam suas noções preconcebidas e, simultaneamente, estabelecem conexões com o que pode parecer remoto ou exótico. Como a maioria dos meus cursos giram em torno

das histórias culturais das cidades, normalmente esse é um exercício bastante seguro. O que um citadino do século XIX acharia de nossos hábitos cartoriais incomuns? Seria possível traçar paralelos entre o desenvolvimento de Brasília e o de capitais mais tradicionais?

No outono de 2010, no entanto, esse esforço pedagógico tornou-se muito pessoal e delicado. Eu tinha desenvolvido um seminário para calouros chamado "Futebol e América Latina: história, política e cultura popular". Agora era a hora de enfrentar quinze alunos brilhantes e animados de Princeton, bem como a minha relação obsessiva com o esporte. Embora não esteja fora do lugar no Brasil (de onde eu sou), minha paixão desenfreada por futebol certamente me reduziria ao estereótipo do latino-americano explosivo. De repente, temi que meu status de imigração "estrangeiro não residente" seria realmente confirmado na sala de aula.

Durante os muitos anos em que estudei em universidades norte-americanas, e agora que trabalho em uma delas, mantive uma atitude quase adolescente em relação ao futebol. Comparações com a experiência com esportes como beisebol e futebol eram prontamente descartadas. Com certeza, eu reconhecia a existência de fãs radicais ao norte da linha do Equador, mas alguém de um país com uma bandeira fincada na Lua nunca poderia entender até que ponto as vitórias das últimas Copas do Mundo definiram minha identidade nacional quando era criança na década de 80. Um jogo podia ser tenso, intenso ou catártico. Raramente tratava-se de entretenimento. Meu sentido de pertencimento nacional, entretanto, era facilmente superado pelo papel que o clube de futebol Vasco da Gama teve nas memórias de minha infância, laços familiares e de amizade. Poucas coisas são menos concebíveis no Brasil do que a idéia de um indivíduo trocar de time. "De todos os amores que eu já tive, és o mais antigo", diz uma música cantada durante os jogos do Vasco. Um hino de um time rival afirma que esse primeiro amor dura "até a morrer".

Nunca poderia imaginar um estádio com nome de banco ou um time que tem um dono, ou de um clube que pode ser tratado como uma "franquia", que poderia até mesmo mudar para uma cidade diferente. Naquele momento, tinha de dar um curso para alunos que acham estas aberrações normais. Ao mesmo tempo, vivi longe do Brasil, e trabalhando como acadêmico o tempo suficiente para saber que sou um caso extremo quando o assunto é futebol. Minha preocupação inicial de que achassem que o tema não era sério logo se mostrou infundada. Na universidade, só encontrei apoio e incentivo. Mas, e se meus instintos de torcedor viessem à tona nas discussões do seminário, transformando o paletó professoral em camisa de futebol?

Basta dizer que, pelo menos a maior parte do tempo, eu era capaz de fingir. Os estudantes acabaram por partilhar o meu entusiasmo, e as discussões em classe foram produtivas e vibrantes. Como o seminário teve em torno de trinta candidatos, eu pude montar um grupo diversificado que incluiu alunos do primeiro ano de Singapura, Irlanda, El Salvador, Inglaterra e vários cantos dos Estados Unidos. Alguns vieram para o curso por causa do futebol, outros estavam interessados na América Latina e não tinham nenhuma relação prévia com o esporte. Foi uma combinação eficaz e, como previsto, o curso proporcionou uma porta de entrada para o estudo da história política, social e cultural da região desde o início do século XX.

Entre os clipes de Maradona e Garrincha em ação, o seminário centrou-se em temas não muito diferentes dos que podem surgir em cursos mais ortodoxos. As discussões envolveram uma série de questões como a relação entre intelectuais e cultura popular, as representações da identidade nacional e as dinâmicas da globalização. Pesquisamos as relações entre futebol e Estado, discutindo o uso do esporte e sua cooptação pelos regimes ditatoriais dos anos 1960 e 70, bem como o seu papel em diferentes países e suas auto-afirmações sobre o cenário mundial. Lemos narrativas de cronistas de destaque, que elevaram o futebol ao status de "épico", projetando times nacionais como a incorporação de uma identidade coletiva. Esse processo também explorou como alguns autores, como o dramaturgo brasileiro Nelson Rodrigues, utilizaram o futebol como um veículo através do qual fosse possível enfrentar questões mais amplas como a questão racial.

Com o tempo, comecei a ter uma sensação de que meu relacionamento intenso ao longo da vida com o futebol – tanto como um veterano das arquibancadas como no papel de jogador – na verdade serviu a um propósito na sala de aula. E não só nesse curso em particular. Comecei a me preocupar menos com a ideia de que as imagens de um grande jogo podem ser impróprias para um ambiente acadêmico. Assim como perseguições graves podem coexistir com o prazer, o pensamento crítico e o engajamento físico não precisam ser antitéticos. *Mens sana in corpore sano* deve encimar nossos salões acadêmicos tanto quanto nossos ginásios.

Bruno Carvalho
(traduzido e adaptado por Clémence Jouët-Pastré)

Refletindo sobre a leitura

12-20. Qual é o tema central do texto acima?

12-21. Que ideia perseguiu o autor por anos e acabou por incentivá-lo a propor um curso sobre futebol?

12-22. Qual foi o maior temor do autor em relação ao curso?

12-23. Em seu texto, Bruno Carvalho afirma que o seu curso gerou uma série de discussões, dentre as quais a questão da representacão da identidade nacional. Como você vê essa questão?

A vida em arte

12-24. Há formas de expressão que são consideradas arte por uns e não por outros?

12-25. Você acha que para se fazer arte é necessário que se rompam padrões?

12-26. Qual é sua opinão sobre artistas que se desviam dos caminhos convencionais? Você os considera equivocados? Visionários? Marginais? Gênios?

Intervalo para a gramática (III)

Sete vozes

O português é uma língua internacional, falada como primeira língua em todos os cantos do mundo. Veja os exemplos abaixo retirados do livro *Sete vozes. Léxico coloquial do português luso-afro-brasileiro. Aproximações.*

Angola	**Brasil**	**Cabo Verde**	**Guiné-Bissau**	**Moçambique**	**Portugal**	**São Tomé e Príncipe**
keta; kizomba; batida; som; música	som; música	música	cantiga música	ngoma música	música	música cantiga
machibombo	ônibus	autocarro	autocarro silô diatá	mochibombo autocarro	autocarro	autocarro
amigo; camarada; kamba; avilo	amigo; chapa; camarada	bróder	amigo; camarada	amigo; camarada	amigo	amigo; camarada
preguiça; mongonha	preguiça	preguiça; coloçaria	preguiça	preguiça; babalaze	lazeira; preguiça	preguiça; mongonha leve-leve
pequeno almoço	café da manhã	café da manhã	matabicho	matabicho	pequeno-almoço	matabicho

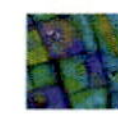

12-27. Crie um diálogo ou três minidiálogos entre pessoas que falam diferentes variantes do português. Use pelo menos cinco palavras que "interfiram" na comunicação por serem específicas a um ou mais países do mundo lusófono.

____

____

____

____

____

____

____

____

____

____

____

Para saber e praticar mais? Consulte o Caderno de Produção.

Ler é viver através de outros olhares (III)

Aquecimento

12-28. Definições. Há alguns grupos de palavras que causam confusão até mesmo para falantes nativos. Descubra o sentido delas e coloque a definição.

a. imigração
b. emigração
c. migração
d. descendente
e. ascendente
f. tráfico
g. tráfego

Pé na estrada

Ivy Goulart:

Ivy Goulart: Ivy Goulart, na verdade Ivy Goulart é meu nome de artista. Meu nome verdadeiro é Ivo Wilson Goulart. E o meu *nickname* de infância era Ivia. Adotei, e só depois descobri que era um nome feminino.

Eu nasci em Santa Catarina, onde meus pais vivem até hoje. Numa cidadezinha de colonização italiana que tem o nome indígena Urussanga. "Uru" = passa; "Urussanga" = onde passa o rio.

Patricia: Os seus pais são de origem italiana?

Ivy: Os meus pais são de origem portuguesa e o Goulart é francês. Eu sempre fui um imigrante na minha cidade e todos eram de cidadania italiana menos eu. Todos tinham a dupla cidadania, porque a Itália deu isso para os emigrantes.

Patricia: Muito bem. Agora eu sei que você está morando em Nova York. Você veio para cá como e quando?

Ivy: Eu saí de casa com 19 anos. Eu fui embora para Curitiba estudar teatro. Lá terminei o meu segundo grau em artes cênicas. Era um curso do colégio estadual do Paraná. Logo em seguida já entrei no Teatro Guaíra, num espetáculo profissional, fazendo *A flauta mágica*, de Mozart. Fiquei dois anos na estrada num projeto chamado "O Teatro vai à Escola", pago pelo governo do Jaime Lerner, o Governo do Estado do Paraná. Era um projeto maravilhoso, que levava o teatro à escola através de um ônibus-palco. O ônibus chegava na escola e montava uma ópera adaptada para o português com canções, uma opera alemã, *A flauta mágica.*

Patricia: Que programa genial!

Ivy: Sim, foi genial, e aí comecei a minha formação em arte-educação na estrada. Viajei por todos os 399 municípios paranaenses. O Paraná tem 399 municípios, e todos eles eu conheci.

Patricia: Que anos foram esses?

Ivy: Foram os anos de 1998 e 99. No ano 2000 o Governo do Estado pegou o Teatro da Escola e transformou no Comboio Cultural. Usou dois ônibus do projeto e transformou em nove através do patrocínio da Petrobrás. Cada ônibus continha uma expressão artística: um ônibus de ópera, de dança, de literatura, de teatro de bonecos, um ônibus de música popular brasileira e um de música erudita, e um de teatro para adultos.

Esses nove ônibus percorreram todos os municípios do Paraná. Alternávamos quinze dias no interior e quinze dias de manutenção de ônibus e consertos de

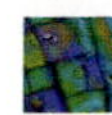

figurinos no Teatro Guaíra. Durante dois anos eu trabalhei no Comboio Cultural, inclusive eu depois fiz um curta chamado *Na rota do Comboio Cultural.* E após essa experiência paranaense, eu fui fazer um filme no interior do Paraná.

Esse filme me proporcionou uma experiência de estar envolvido na arte do cinema, nessa construção meio que artesanal desse processo todo. Em seguida, eu saí de Cascavel e vim para o Rio de Janeiro fazer minha faculdade de cinema na Universidade Gama Filho; fui aluno do Ruy Guerra. Mais uma vez eu era um imigrante do Sul que tinha saído de Curitiba, uma cidade super organizada onde os ônibus param no ponto, para chegar no Rio de Janeiro, onde você tem que correr atrás do ônibus, onde tudo é um caos, mas eu fui me adaptando.

Quando eu terminei a faculdade de cinema, eu, paralelamente com a minha carreira de ator, fiz uma novela da TV Globo com carteira assinada, todos os documentos legais, dentro de uma empresa, de uma corporação como é a TV Globo. Também, ao mesmo tempo, estava fazendo meus projetos de curtas--metragens. Eu conheci o Marcelo Negri, que hoje é meu amigo e sócio. Ele também trabalha com dança e eu o incentivei a vir para Nova York, porque no fundo eu queria vir.

Patricia: Por que Nova York?

Ivy: Uma boa pergunta. Por que Nova York? Nova York foi meu primeiro encontro com o cinema quando criança. Vi o *Superman* aos sete anos. Nesse filme estão representados a grande metrópole, os prédios, a Estátua da Liberdade, enfim, tudo que o cinema americano de Hollywood dissemina. Tudo isso ficou no meu inconsciente e quis conhecer a grande metrópole. E assim eu fiz, assim queria, assim almejei, e assim ... aqui estou.

Tanto é que a experiência que eu tive quando eu cheguei em Nova York é que eu estava dentro dum filme. Eu conhecia todos os lugares, todas as esquinas, aqueles tijolinhos, as casas, a arquitetura etc.

Tinha tudo guardado na memória, mas isso estava dentro dum filme sem legendas em português porque eu não falava inglês. Nem sei se falo ainda.

Ivy Goulart

12-29. Por que o Ivy se considerava um imigrante na sua própria terra?

12-30. O que você acha desse projeto que levou o teatro e a ópera às escolas? Esse tipo de incentivo funciona?

12-31. O que aconteceu quando a Petrobrás começou a patrocinar esse encontro entre a cultura e as escolas? Você acha que as grandes empresas devem patrocinar a arte e a cultura? Há algum impacto negativo, ou somente um impacto positivo?

12-32. Com quais artes o Ivy trabalha ou trabalhou?

12-33. Por que o Ivy foi para o Rio de Janeiro e como ele se relaciona com a cidade? Por que ele queria ir para Nova York?

Dando voltas às palavras

12-34. Visite novamente o vocabulário das leituras I, II, III e do áudio. Escolha no mínimo cinco palavras ou expressões e construa suas próprias frases.

____

____

____

____

____

____

____

____

Cenários

12-35. **A Arca de Noé.** Imagine que você só pode salvar doze objetos das mais variadas expressões artísticas. Quais objetos você salvaria? Faça uma lista.

12-36. Você tem a possibilidade de montar um programa de arte dentro de uma escola. Como seria esse programa?

Debates

12-37. Metade da classe vai dizer que pode viver sem arte e a outra metade vai dizer que não pode. Deem exemplos específicos.

12-38. Metade da turma vai defender a ideia que a arte é uma expressão política e a outra metade vai dizer que é apenas uma atitude estética.

Portfólio

12-39. Crie algo – um poema, um objeto, uma escultura, uma pintura, uma fotografia ou uma colagem –, qualquer coisa que mostre a sua relação com a arte ou a represente. Coloque no seu portfólio.

Appendix

Orthographic Agreement

Portuguese had no standardized orthography until 1911. This is indeed quite late when one compares Portuguese with other Romance languages such as French and Spanish, whose orthographies were set by language academies in the 17th century. In 1938, Brazil created its own spelling system. In 1990, after many attempts to unify the two systems, linguists from the Portuguese-speaking world convened at the Academia das Ciências de Lisboa and developed a document that would serve as the basis of the "Agreement," which would be implemented on January 1, 1994. Seven Portuguese-speaking countries signed the "Orthographic Agreement." Nonetheless, due to a lack of consensus among the Portuguese-speaking countries, the official implementation of the agreement was postponed several times. In 2012, the Brazilian government postponed the mandatory use of the Agreement to January 1, 2016; however, the Orthographic Agreement is already being used in all major publications and in schools in Brazil.

Although the changes are minimal – they affect about 1.6% of the words in European Portuguese and about 0.5% in Brazilian Portuguese – the affected words are used frequently. Some of the most important features are: the addition of three letters to the alphabet (W, X, Y) and the elimination of a few diacritical marks:

a. the elimination of the letters *c* and *p* from the European/African spelling when they are silent	Examples:		
	acto	→	ato
	óptica	→	ótica
	óptimo	→	ótimo
b. the elimination of the diaeresis or umlaut from the Brazilian spelling	Examples:		
	lingüística	→	linguística
	lingüiça	→	linguiça
	ungüento	→	unguento
c. the elimination of the acute accent from the *éi* and *ói* in paroxitone words	Examples:		
	assembléia	→	assembleia
	colméia	→	colmeia
	idéia	→	ideia
d. the elimination of the circumflex from the hiatus "oo" and from the hiatus "ee"	Examples:		
	enjôo	→	enjoo
	vôo	→	voo
	lêem	→	leem
	vêem	→	veem

The above are just a few examples. A number of websites can provide a complete picture of the changes and the sometimes polemical nature of the Orthographic Agreement.

 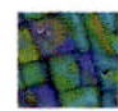

Useful sites and books about the Agreement

Books

Porto Editora. (2008). *Guia prático do acordo ortográfico*. Porto: Porto Editora.

Gomes, F. (2008). *O acordo ortográfico*. Porto: Porto Editora.

Houaiss, A. (2008). *Escrevendo pela nova ortografia*. São Paulo: Publifolha.

Silva, M. (2008) *O novo acordo ortográfico da língua portuguesa: o que muda e o que não muda*. São Paulo: Contexto.

Torrano. L. (2009) *A nova reforma ortográfica da língua portuguesa*. Franca, SP: Lemos & Cruz.

Tufano, D. (2008). *Guia prático da nova ortografia*. São Paulo: Melhoramentos.

Websites

Uma lista completa com as regras, para não restar dúvidas: http://gazetaonline.globo.com/_conteudo/2012/03/noticias/especiais/guia_da_nova_ortografia/2012/1132080-uma-lista-completa-com-as-regras-para-nao-restar-duvidas.html

Principais alterações da reforma: http://educador.brasilescola.com/trabalho-docente/principais-alteracoes-reforma-ortografica.htm

O mundo da língua portuguesa: http://www.suapesquisa.com/educacaoesportes/reforma_ortografica.htm

Reforma ortográfica: conheca as novas regras. Uol Educação: http://download.uol.com.br/educacao/UOL_Educacao_Conheca_as_novas_regras_da_Reforma_Ortografica.pdf

Glossary

A

Acenar to wave

Adro (*m*) churchyard

Abalar to weaken by shaking; to shake, jog; to move, touch, affect

Abordagem (*f*) a way of approaching a subject matter

Adormecer to fall asleep

Afável polite, delicate

Agregar to bring together

Alcunha (*f*) nickname

Amedrontrado/a frightened

Alheio/a strange; foreign; improper

Alumbrar to enlighten, illuminate, inspire

Âmago (*m*) core, the essence

Apegar to attach; to stick; to grasp; to be very fond of

Apelido (*m*) nickname

Apodrecer to become rotten

Aposentado/a retired

Aquarela (*f*) watercolor painting

Arcar to put up with; to deal with

Ardiloso cunning; artful, crafty, subtle

Arenito (*m*) sandstone, grit

Argila (*f*) clay

Armadilha (*f*) trap

Arrepiado/a standing on end (hair); bristly

Artimanha (*f*) artifice, trick; quirk

Atolado to be stuck; to be bogged down

Ateliê (*m*) artist's studio

Atrelado/a harnessed, linked; seduced

Auge (*m*) highest point, summit, pinnacle

Aval (*m*) consent, authorization

B

Babá (*f*) nanny

Bamba (*m*) expert

Barbante (*m*) string

Bata (*f*) smock, frock

Bate-boca (*m*) an argument

Beirar-se to come close to, to approximate

Berrante shocking, as in a shocking color

Berrar to scream, to yell

Bijuteria (*f*) costume jewelry

Bobo/a fool

Boneca (*f*) doll

Botequim (*m*) a bar

Brincalhão playful

C

Caçula (*m* & *f*) youngest child

Calabouço (*m*) prison

Calado/a in silence

Calouro/a first-year student

Camaradagem (*f*) comradeship, companionship; solidarity, brotherhood

Carecer not to have, not to possess

Cativante captiviting, fascinating; attractive; seductive

Chifre (*m*) horn

Cinzel (Cisel) chisel, sculptor's chisel

Colado/a glued; next to

Cômodo (*m*) room

Concorrente (*m* & *f*) competitor, competition

Consertar to fix

Contramão (*f*) wrong way

Coroar to crown

D

Dádiva (*f*) a gift

Deleitar to enjoy

Deparar-se to confront; to come upon

Derrota (*f*) defeat

Descartar to get rid of; to throw away

Desenfreado/a unruled, unrestrained, uncontrolled; reinless

Desprezar to scorn, to disdain

Desprezo (*m*) contempt, disdain, scorn

Destacar to make salient, to make stand out

Destreza dexterity, ability, skillfulness

Destroços (*m* pl) wreckage, ruins

Desgraça (*f*) misfortune; disaster; catastrophe

Deslumbrante dazzling, blinding

Dolorosamente painfully

E

Elogiar to compliment

Empenhado/a indebted, pledged, engaged; interested

Emplumado/a feathered

Empolgante enthusiastic

Empurrar to push

Enclausurado/a cloistered

Enfatizar to emphasize

Engajamento (*m*) involvement with a cause; awareness

Engenho (*m*) sugar mill

Ente (*m*) being; life, existence; living creature

Entregar-se to give of yourself to someone or something

Enveredar to make one's way

Enxergar to see

Esbanjar to waste

Esburacado/a full of holes

Escassez (*f*) scarcity

Espelhar to mirror

Estirpe (*f*) stock, race, lineage, origin

Estriado/a striated; grooved

Etéreo/a ethereal; celestial

Exibir to show off

Expor to place on exhibit, for example in an art show

F

Fazer glosa to comment, to annotate; to criticize

Ferramenta(s) (*f*) tool(s)

Fofoca (*f*) gossip

Folguedo (*m*) amusement; merrymaking

G

Garras (*f* pl) claws

Gerar to generate

Gesto (*m*) a gesture

Girar to go around

I

Incensar to incense; to worship; to flatter

Inchado/a swollen

Indelével indelible; incapable of being erased

Indumentária (*f*) clothing; garments

Infundado/a without proof

Inscrever-se to sign up for a course

Intercâmbio (*m*) exchange (as in an exchange program or student)

Interregno (*m*) interregnum

Inusitado/a unused, not used; not worn; new

J

Jorrar to gush, outpour

Jugos (*m* pl) submission, oppression

L

Lacunas (*f* pl) gaps, blanks

Lítico/a lithic; pure, genuine, authentic

Lúdico/a playful

M

Madrasta (*f*) stepmother

Malhado/a spotted

Maquete (*f*) model

Marfim (*m*) ivory

Marrar to horn, butt; to strike with the head; to run against, come across, hit upon

Meado (*m*) the middle

Moldar to shape

N

Nó (*m*) knot

O

Ofício (*m*) workmanship; profession, employment

Orçamento (*m*) budget

Oscilar to oscillate, to go back and forth; to be unstable

P

Paisagem (*f*) landscape; scenery

Patrocinar to sponsor

Pecado (*m*) sin

Pecaminoso/a sinful

Penhascos (*m* pl) high and steep rock or cliff

Perante in the presence of, before

Percurso (*m*) passage, course, route

Perscrutar to search, scrutinize; to probe, sound out; to investigate

Pipoqueiro/a someone who sells popcorn

Pista (*f*) track; footprint; clue

Poupança (*f*) savings account

Preconceito (*m*) prejudice

Primeva primitive, original

Prole (*f*) descendents, children

Pungente pungent; poignant; piercing

Q

Queimado/a burned

R

Rachar to split; to splinter; to treat roughly

Rascante tart, sour; sharp to the taste

Rebuscamento (*m*) excessive ornamentation

Rebuscar to dress up with excessive elegance; to refine, to perfect

Recôndito (*m*) hiding place

Recôndito/a hidden, concealed

Recorte (*m*) act or fact of cutting out; carving

Reduto (*m*) redoubt, temporary fortification, stronghold

Resgatar to salvage

Ressalva (*f*) exception

S

Sandice (*f*) folly; nonsense

Semblante (*m*) face

Seresta (*f*) serenade

Sobrado (*m*) house of two or more stories

Sossegado/a calm, tranquil, peaceful

Subestimar to underestimate

Sugar to suck; to extract; to absorb

Suor (*m*) sweat

Suspirar to sigh; to wish for, long for; to blow gently

T

Talhar to sculpt in wood

Tambor (*m*) drum

Tatear to fumble, grope; to touch, poke; to grope one's way

Taverna (*f*) tavern

Temporada (*f*) season (the run of a show, for example)

Teor manner, way, mode, style

Transbordar to overflow; to inundate, to gush

U

Uivo (*m*) a howl

V

Vestibular (*m*) a college entrance exam in Brazil

Vibrar to vibrate, quiver, tremble, to pulsate

Credits

We have made every effort to trace the ownership of all copyrighted material and to secure permission from the copyright holders. In the event of any questions arising as to the use of the material, we will be pleased to make the necessary corrections in future printings. Thanks are due to the following authors, publishers and agents for use of the material included.

TEXTS

8–9	Excerpt from essay entitled "Brazil in Two Voices" by Pamela Petro and Marguerite Itamar Harrison, 2004
18–19	© Fernando Pessoa
49–50	© Lolita Villanúa
54–55	© Gregory Scruggs
59–60	© Antônio Luciano Tosta
69–70	© Dário Borim Jr., Ass. Prof. of Luso-Afro-Brazilian Studies, creative writer, and radio programmer
77–78	© Guilherme Trielli Ribeiro
82–83	© Stephen Bocskay
93–94	Used with kind permission from Marguerite Itamar Harrison
112–113	Used with kind permission from Marguerite Itamar Harrison
125–128	Gregori Warchavchik Collection
139	© Salgado Maranhão
157–159	© Luiz Boal
197–199	© Nelson H. Vieira
202–204	© Rex Nielson
208–209	© Milton Hatoum
235	Excerpt from essay entitled "Brazil in Two Voices" by Pamela Petro and Marguerite Itamar Harrison, 2004
238–240	© Bruno Carvalho

ILLUSTRATIONS

Cover	© Os Gemeos. Photograph by Shawn C. Hoke, used with permission.
1	Used with kind permission from Pamela Petro
2 top	Image copyright Gary Yim, 2013. Used under license from Shutterstock.com.
2 mid.	© User: Prefeitura de Olinda/ CC-BY-SA-2.0
2 bot.	© User: L›Éclipse/ Wikimedia Commons / CC-BY-SA-3.0
3 top	© User: urban_data/ CC-BY-SA-2.0

3 mid. Image copyright Georgios Kollidas, 2013. Used under license from Shutterstock.com.

3 bot. © User: nana mata/ CC-BY-SA-2.0

9 Image copyright Miha De. 2013. Used under license from Shutterstock.com.

15 Used with kind permission from Pamela Petro

23 Colliding Lightbulbs, 2012. © Sophie Barbasch

25 top © User: Henrique Vicente/ CC-BY-2.0

25 mid. Image copyright Kruemel, 2013. Used under license from Shutterstock.com.

25 bot. Image copyright Alessio Moiola, 2013. Used under license from Shutterstock.com.

29 top © User: ImNotQuiteJack/ CC-BY-SA-2.0

29 bot. © Patricia Sobral

36 © João Kulcsár

43 Photomontage for Andanza by Robert Villanúa

44 top Image copyright Nas Cretives, 2013. Used under license from Shutterstock.com.

44 bot Image copyright Alexander Yakovlev, 2013. Used under license from Shutterstock.com.

45 top Image copyright Mark Hayes, 2013. Used under license from Shutterstock.com.

45 bot. Image copyright Alexander Yakovlev, 2013. Used under license from Shutterstock.com.

56 Photo of Andanza dancers by Robert Villanúa

63 © Patricia Sobral

64 top Image copyright studioflara, 2013. Used under license from Shutterstock.com.

64 bot. Image copyright Filipe B. Varela, 2013. Used under license from Shutterstock.com.

65 top Image copyright CREATISTA, 2013. Used under license from Shutterstock.com.

65 bot. Image copyright Sergey Nivens, 2013. Used under license from Shutterstock.com.

80 © Clémence Jouët-Pastré

87 © Regina Pisani / Patricia Sobral.

88 top © Patricia Sobral

88 bot. Image copyright Tetyana Radchenko, 2013. Used under license from Shutterstock.com.

89 bot. Image copyright Marijus Auruskevicius, 2013. Used under license from Shutterstock.com.

95 Image copyright Volina, 2013. Used under license from Shutterstock.com.

101 © Regina Pisani / Patricia Sobral

107 © Henrique Schucman / Marcos Pagani

108 top Image copyright Zuieva Oleksandra, 2013. Used under license from Shutterstock.com.

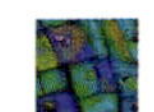

108 bot. Image copyright ostill, 2013. Used under license from Shutterstock.com.

109 top Image copyright ostill, 2013. Used under license from Shutterstock.com.

109 bot. Image copyright gwycech, 2013. Used under license from Shutterstock.com.

120 © João Kulcsár

133 © Regina Pisani / Patricia Sobral

134 top Image copyright Ed Metz, 2013. Used under license from Shutterstock.com.

134 bot. Image copyright SPYDER, 2013. Used under license from Shutterstock.com.

135 top Image copyright eskymaks, 2013. Used under license from Shutterstock.com.

135 bot. Image copyright art@design, 2013. Used under license from Shutterstock.com.

136 Image copyright lculig, 2013. Used under license from Shutterstock.com.

141 © Clémence Jouët-Pastré

144 © João Kulcsár

151 © René Nascimento / Patricia Sobral

152 top Image copyright coka, 2013. Used under license from Shutterstock.com.

152 bot. Image copyright Sorbis, 2013. Used under license from Shutterstock.com.

153 top Image copyright Eugene Ivanov, 2013. Used under license from Shutterstock.com.

153 bot. Image copyright Jef Thompson, 2013. Used under license from Shutterstock.com.

166 © Kalila Sobral Mier / Patricia Sobral

173 "Dracula," 2011. © Sophie Barbasch.

174 top Image copyright Viktoriya, 2013. Used under license from Shutterstock.com.

174 mid. Image copyright ilovestockphoto, 2013. Used under license from Shutterstock.com.

174 bot. © Patricia Sobral

175 top Image copyright Featureflash, 2013. Used under license from Shutterstock.com.

175 mid. Image copyright PinnacleAnimates, 2013. Used under license from Shutterstock.com.

175 bot. © Clémence Jouët-Pastré

184 top Image copyright worradirak, 2013. Used under license from Shutterstock.com.

184–186 Images copyright Nowik Sylwia / grynold / DAIVI / HuHu, 2013 Used under license from Shutterstock.com.

191 © Sophie Barbasch

192 top Image copyright Georgios Kollidass, 2013. Used under license from Shutterstock.com.

192 bot. Image copyright Richard Thornton, 2013. Used under license from Shutterstock.com.

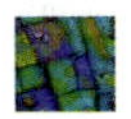

193 top	Image copyright Gayvoronskaya_Yana s, 2013. Used under license from Shutterstock.com.
193 top mid.	Image copyright nikkytok, 2013. Used under license from Shutterstock.com.
193 bot. mid.	Image copyright Kachalkina Veronika, 2013. Used under license from Shutterstock.com.
193 bot.	Image copyright Andreas Gradin, 2013. Used under license from Shutterstock.com.
204	© João Kulcsár
211	Photo Tapestry "MENINAS DA GUERRA" © Henrique Schucman
212	© Patricia Sobral
213 top	© Patricia Sobral
213 bot.	© Danielle Jouët-Pastré
222	© Henrique Schucman
229	© João Kulcsár
230	© João Kulcsár
241	© João Kulcsár